誰とでも

15分以上

会話がとぎれない！話し方

やっぱり大事!!
46のルール

野口 敏

すばる舎

はじめに

会話が楽しくはずむコツって、シンプルです♪

「最近、いい天気が続いて、気持ちがいいですね」

会話は、こんな何気ない言葉からはじまります。

このあと会話がはずむかどうかは、あなたが「どう反応するか」にかかっています。

「まだ話の展開も見えないのに、どう反応すればいいの？」

こんな疑問をおもちになった方も、いらっしゃるかもしれません。

聞き上手な人は、ここで「ある反応」をして話し手の気分を盛り上げます。些細なことですが、実はこれこそ、会話をスムーズに進める決め手になっているんです。

では、「ある反応」とは何でしょう。

それは、「相づち」を打つことです。とてもシンプルな方法なので、ホッとされた方もいらっしゃるのではないでしょうか。

話しかけられたら、すぐに「相づち」を打つ——。

実はこれだけで、会話ってふくらんでいくものなのです。

もちろん、単調な「ええ」という相づちではなく、「ええ♪」という気持ちをこめることをお忘れなく♪

本書ではこのように、基本的だけれど案外していない「大事なルール」を選んでお伝えしていきます。

会話の基本は「気持ちのキャッチボール」です。ですから、気持ちをやりとりする土台となる「反応を大きめにすること」「自分の気持ちをオープンにすること」この2つを心がければ、会話は驚くほどふくらんでいきますよ。

“ここぞという場面”で、ちゃんと盛り上がれます

さて、次なる関門は「自分の気持ちをオープンにすること」です。

話し方教室に見える生徒さんでも、「自分の気持ちがよくわからない」「とっさに言葉にできない」といったように、気持ちを表現することに苦手意識をもっている方は少なくありません。

あなたはいかがでしょう。もしも、心当たりのある方もご安心を。トレーニング次第で、いくらでも磨かれていく力だからです。

私たちは「自分の気持ち」から「他人の気持ち」を推測しています。

ですから、自分の気持ちをどんどん表現できるようになると、相手の方に「共感

できる力」も伸びていきます。〝ここぞという場面〟で、ちゃんと相手の気持ちをわかってあげられるようになるんです。たとえば、

「やっと恋人ができたんです！」

こんなふうに大喜びしている人に、あなたはどんな言葉をかけてあげますか。

「よかったですね」

もし、こう答えたなら、相手の方はガックリしてしまうでしょう。

一方、相手の方の気持ちを察して、それを表現してあげると、会話は大いに盛り上がります。それはなぜなのか。どんなふうに共感すればよかったのか。

答えは96ページにありますので、興味のある方はご覧ください。

「聞き役」「話し役」も自由自在！

このように、会話の基本ルールはどれもシンプルですが、それらをちゃんと使っていくためには、継続的なトレーニングが必要です。

話し方のルールを一つひとつ試していくと、必ずといっていいほど、「思い通りにいかない」「どうすればいい？」といった場面が訪れるものです。

「ちゃんと反応しているはずなのに、相手があまりノッてこない」
「よく知らない人にはどう反応していいかわからず、困ることが多い」

こうした「困った」にイチからお応えできるのが本書です。

本書は、世代を問わず、実に大勢の皆様に支持していただいた前著『誰とでも15分以上 会話がとぎれない！話し方 66のルール』の第二弾です。前著では語りきれなかった内容にも多数、踏み込んで説明しています。

会話の基本ルールにとどまらず、どのような場面でも対応できる会話のアレンジ例を増やしました。

クイズ感覚で解ける「クエスチョン」も盛り込んでいるので、楽しさも倍増。

はじめてお伝えするルールもたくさん登場しますから、ご期待ください。

親しみの気持ちを瞬時に伝える**「瞳ピント」**、バラエティに富んだ感情表現ができる**「気持ちボキャブラ」**、相手が気持ちよく話し続ける**「イメージ質問」**のように、スグできて効果的な方法が満載です。

会話に対する苦手意識を払拭し、自信がもてるようになると、一つの「きっかけ」「出会い」が、素晴らしい関係に発展したり、ふだんの人間関係も充実していきます。

前著をお読みいただいた方であれば、さらに会話力がアップしますし、本書からお読みになる方には、絶好のトレーニング機会になることをお約束します。

この一冊で、どんな方との会話でも、「聞き役」「話し役」が自由自在です！

さあ、ご一緒に楽しい会話のレッスンをはじめましょう。

二〇一〇年四月

著者

誰とでも15分以上 会話がとぎれない！ 話し方
やっぱり大事!! 46のルール

目次

スバル君（23歳）
身長153㎝。口下手な社会人
1年生。彼女無し。

2章

どんな人も〝にこやか〟になる
1秒で伝わる！「瞳ピント」の親しみルール

カオリ（25歳）
身長162㎝。OL。キャリアウーマンは目指していないが、それなりに任されるデキる女。

3章
「二往復」以上のやりとりも楽勝です
この「フレーズ＆話題」なら、どんな相手もノッてきます

4章

会話が深まる、はずむ！

〝気持ちボキャブラ〟発見レッスン

もっと言葉にしよう！「自分&相手」の気持ち

ナオキ（23歳）
身長175㎝。まずまずのイケメンだが、言動がチャラい。彼女無し。カフェ勤務。

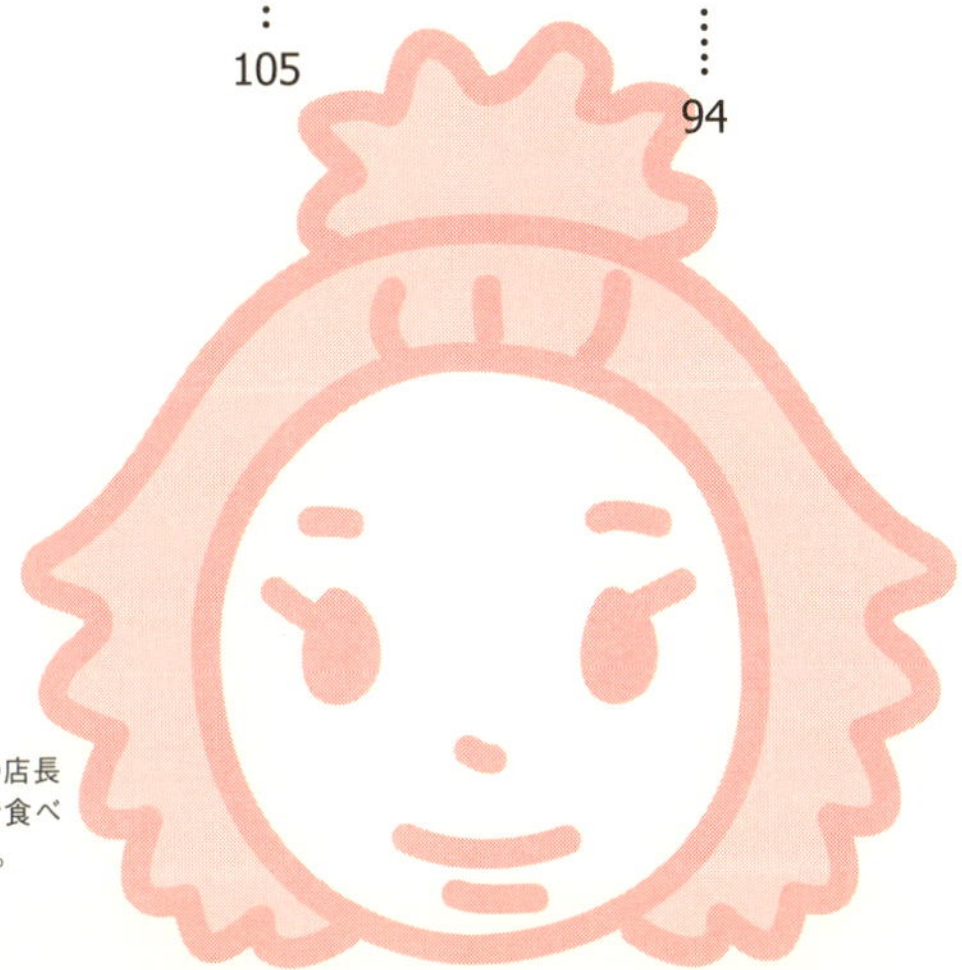

マイ（25歳）
身長165㎝。カフェの店長だが、将来はダンスで食べていきたいと思っている。

5章 どんな話にも「プチドラマ」がひそんでます
「コレ聞いて!」がポンポン飛び出す「質問」のコツ

ヒデ部長（45歳）
スバルやカオリの上司。
部下には優しく教え方も上手い。
酔うと豹変する。猫好き。

マキオ先輩（25歳）
身長190㎝。何でもそつなくこなす。3年つき合っている年上彼女がいる。社会人3年生。

6章 こんなひと言で、相手も自分も心地いい いい関係がスタートする「気づかい力」

ブっさん（猫）
体長約55㎝。毎日、同じ時間にカフェに来ては、夕方に帰って行く、どこかの飼い猫。好物は鳩。

7章 どんな「年代」「立場」の人とも、なごやかに話せる シーン別「会話ルール」を一挙公開！

ヨシコさん（猫）
カオリの飼い猫。

コタロー（猫）
ヒデ部長の飼い猫。

装丁……石間淳
本文レイアウト……相馬孝江（TYPEFACE）
漫画・挿絵……草田みかん（TYPEFACE）

1章

この「相づち」で、楽しい会話がはじまります！

「ひと言」なのに効果テキメン♪

ぼくはスバル。口下手に悩む23才独身です。
お久しぶりです
コンニチハ
この人話しづらいんだよな～
今日は先輩の打ち合わせに同行させてもらっています。
私、昔この近所に住んでたんですよー
えっ！そうなんですか？
はぁ…
いつ頃までお住まいだったんですか？
スゴイ！
20年前かな～
やっぱりその頃と町並みは変わりました？
どうしてそんななごやかにスムーズに話をつづけられるんだろう？
ボクムリ！

1

会話の出だしは、この「反応」でバッチリ

スムーズにつながる、シンプルなひと言

「来週、一泊で出張するんですよ」

もしも、こんなふうに話しかけられたら、あなたはどう答えますか。

「はじめに」でもお伝えしたように、会話は何気ない言葉からはじまります。

聞く側からすれば、「ふ〜ん。それで?」ぐらいにしか感じないかもしれませんが、話している方にとっては、どんなに些細なことでも関心を示してほしいもの。

相手が投げかけた言葉に「どう反応する」のか、そのちょっとした差が、会話の

流れやムードに影響を与えるんですね。

では、ここで聞き上手な人がしている反応の仕方をご紹介しましょう。

「来週、一泊で出張なんだけどね」
「ええ（と言ってアイコンタクト）」

聞き上手な人は、このとき「ええ」という言葉を強く言い、はっきりうなずきます。また、忘れてはならないのが「アイコンタクト」です。これについては、2章でくわしくお話しします。

大きく反応することで、相手に「あなたの話を聞きますよ」「注目していますよ」「続きをどうぞ」と伝えているのですね。

このときの反応の言葉は、「はい♪」でも「ほー！」でもかまいません。

とにかく気持ちのノリが大事です。

「♪」や「!」のニュアンスが伝われば大成功。

あまり深く考えず、感じたことを大切にしましょう。素直に反応していいんですね。きっといい結果が出るはずです。

この章では会話の出だしの反応について基本からお伝えしていきます。反応を大きくするだけで、相手の話し方やあなたを見る目がずいぶん変わることを実感できますよ。

相手の「はじめの言葉」に大きく反応してみよう。その後、しばらくは平常のトーンで「ええ」「はい」などと相づちを打つ。話の内容にインパクトがあれば、再び大きめに反応するといい。

2

相手の「はじめの言葉」を大事にしよう

質問したくなってても、グッとこらえる

「人の印象は、出会ってから十数秒で決まる」と言われています。ということは、挨拶して会話がはじまったとたんに、もう互いに「この人とはうまくやっていけそうだ」「この人とは合わない」などと決めているということです。怖いですね。

初対面の二人の会話というと、「私は板橋に住んでいます」や「貿易の仕事をしています」といった、住んでいる場所や仕事の話をすることが多いでしょう。何気ないひと言に思えるかもしれません。でも、この言葉を受けてどう反応するかで、

相手があなたをどう思うかが決まってしまうということになりますね。

たとえば、「私は板橋に住んでいましてね」と聞いて、

「あ！　板橋ですか♪」

と反応できる人は初対面の人の心もつかんでいるはずです。

反対に抑揚のない声で、

「ふーん」

と言ったきりで話をそらしたりすれば、相手の心は新幹線なみのスピードで遠ざかることは間違いないでしょう。

私たちはそんなことで他人を判断しているのですね。

ここで大事なのは「あ！」という相づちです。このほかにも「えーっ！」「へー♪」「ほーっ！」（36ページ参照）があります。とても素朴な反応ですが、相手の方はグンと話しやすくなるのです。

また「板橋のどのあたりですか？」「駅から何分？」などといきなり質問して、相手の方がせっかく話してくれたにもかかわらず、自分が欲しい情報を取り終わると話を変えてしまう人。

あるいは、「私も昔、板橋に住んでいましてね。それから今の目黒に引っ越して、もう十五年ですね」と自分の話にしてしまう人も、初対面の人の気持ちはつかめません。

こういうことは、他人が指摘してくれるわけではないので、一生、自分の間違いに気づくことなく人は年齢を重ねていくのです。

あなたも初対面の人と会ったら、相手の最初の言葉に誠意をもって、大きく反応し、相手の気持ちを受けとめてあげてください。きっと仲良くなれる人がずいぶん増えることと思います。

初対面では、相手の「最初の言葉」に、とくにていねいに反応しよう。恋愛が苦手な人は、これを心がけるだけで恋のチャンスが広がる！

3

「気持ちのツボ」の押し方とは？

コレで、いろんなエピソードが飛び出してくる

話を聞くときに、とても重要なことがあります。それは話し手の気持ちをたくさん表現させてあげることです。気持ちを表現することで、話し手は喜びを何度でも味わうことができます。

また悲しみや辛さも外に出すことで癒されるので、ネガティブな気持ちであったとしても避ける必要はありません。どんな気持ちであれ、人は自分の気持ちを十分に味わい体験したいものです。

たとえばある女性が、

「雑誌で見たコートが欲しくて、一カ月も探し歩いて、ついに見つけたんです、ムートンのコート！」

こんなふうに興奮気味で話しかけてきたとします。

彼女の胸のうちには、たくさんの気持ちが渦巻《うず》いています。その中にはまだ、本人でさえ「気づいていない気持ち」が含まれているのです。

この女性には、どんな気持ちがあったと思いますか。

「うれしい」は確実にあるでしょう。

「頑張った」気持ちも見つかりましたか。

「よっぽど欲しかった」に気がつくと、会話もはずみますね。

「執念」に至っては、彼女の真の姿があらわになる言葉かもしれません。

上手な聞き手は、話を急がずに話し手の気持ちにとどまって、それらを表す言葉を一つずつゆっくり送ります。

では、この女性の会話例でみてみましょう。


「雑誌で見たコートが欲しくて、一ヵ月も探し歩いて、ついに見つけたんです、ムートンのコート！」

「わー、一ヵ月も！」

「そうなのよ、雑誌で見て一目ぼれしてねー」

「見つけたときは、うれしかったでしょー」

「うんうん、もー、キャーッって声をあげたわ」

「頑張りましたね」

「なんだかこの一ヵ月、このコートのことしか考えてなかったかも」

「よっぽど欲しかったのですね」

「そうねー、夢でこのコートを私の目の前で誰かが先に買ってしまうシーンを見てね、思わず目を覚ましてしまったこともあったの」

「うわー、そんなに」

「その雑誌を一ヵ月カバンに入れて、毎日探し歩いたの」

「もう執念ですね」

「よく考えたら恐いわー。コートだからいいけど、相手が男の人だったりしたらストーカーだもんね。私、一流のストーカーになる素質があったりして」

「わああ」


こんな感じになります。聞き手が話し手の気持ちを一つひとつ丁寧に言葉にしているのが伝わったでしょうか。

「どこで見つけたの？」「いくらだったの？」と聞きたいところをグッと我慢して、**相手の気持ちに焦点を当てて共感します。**

すると、気持ちを刺激された話し手は次から次へと話すことが浮かび、うっとりしながらたくさん話をしてくれるでしょう。

あなたは、ただ「へー」「ほー」「わー」と相づちを打つだけで、もう何もしなくても大丈夫。相手は大満足で帰っていくはずです。

もちろんあなたに対して、とてもいい印象をもっていることは間違いなし。

さらに、気持ちを十分に引き出したあとなら、「どこで見つけたの?」といった質問も、ドシドシしてください。ますます会話がはずむでしょう。

相手の気持ちに焦点を当てて、ていねいに一つずつ共感すると、話し手の気持ちは盛り上がる。先を急いだり、新しい話題を振ったりしないほうがいい。

相づちの練習
へー
へー
ほー
ほー
ニャー
ニャー

4

「関心を示す」相づちは3つある

「えーっ！」「へー♪」「ほーっ！」の使い分け方

それでは、「えーっ！」「へー♪」「ほーっ！」という便利な相づちの打ち方について、具体的に説明していきましょう。

最初の「えーっ！」は、話し手の言葉に「驚いたとき」に使いましょう。

ささいなお話でも、驚いてほしいのが人情というもの。その気持ちにちゃんと応えましょう。

次に「へー♪」は、相手に「興味を示したとき」に使います。

気乗りしない「へー(-_-)」ではなく、「へー＼(^0^)／」です。とくに「♪」のところは、明るく楽しいトーンで、しかも語尾を上げる感じで言ってみてください。

相づちの種類は3つある

相手の話の内容によって、
反応の仕方を変えよう

「えーっ！」 驚いたときに使う

「へー♪」 相手に興味をもったときに使う

「ほーっ！」 感心・称賛するときに使う

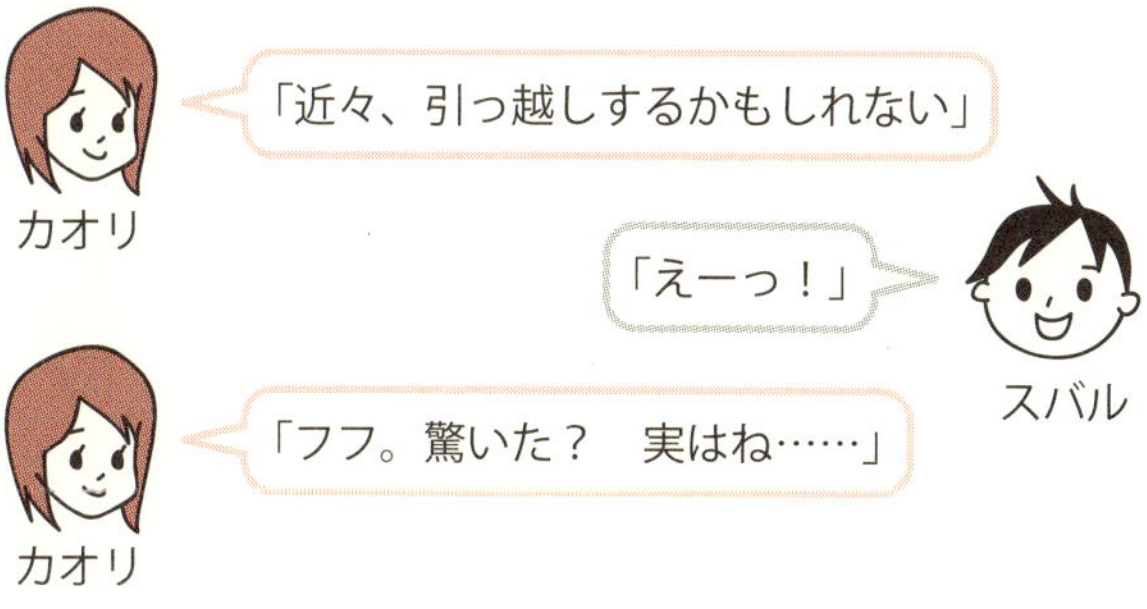

人は誰でも自分に興味をもってもらいたいもの。ちょっとした話にも興味を示してくれる人に、誰もが好感をもちます。

相手の方が喜びにあふれて話しかけてきたら、「感心や称賛」を表す「ほーっ!」を使ってみましょう。

「自分をほめてほしい」「認めてほしい」という思いは、誰だってひそかにもっていますよね。

ならば、そういう話し手の思いをきちんと受けとめてあげましょう。

では、レッスン開始です。次の言葉に、あなたはどんなふうに反応しますか。

Q

① 「最近、電車をひと駅前で降りて歩いているの」

② 「さっき500円、落としてしまってね」

③ 「ここ1年で、会社の利益が3倍になりましてね」

いかがですか。これぞと思う相づちが見つかりましたか。では、答え方を紹介しましょう。次の項目からもう少しくわしく説明していきます。

A

① **「へー♪」**……毎日、ひと駅前で電車を降りて歩く根気よさを、そして体重が減ったときの感激を想像してみましょう。

② **「えーっ！」**……500円落としたら、ふつうの人は3日間ぐらい「惜しいことをした」と悔やむのではないでしょうか。

③ **「ほーっ！」**……この不況の時代、会社の売上を伸ばすなんて、すごい手腕ですね。並大抵のご苦労ではないでしょう。

瞬時に答えられるように、ひそかに練習を開始しよう。まずは、ふだんよりも大きめに声を出して、瞬時に反応していこう。

5

会話が次々に展開していく方法！

しっくりくる相づちを瞬時に選ぼう

相づちの使い分け方がわかってきましたか。いよいよ総仕上げのレッスンをしておきましょう。

相手の方が①〜⑥のような話をしてきたとします。それぞれについて、どのように相づちを打ちますか。

先ほど紹介した「えーっ！」（驚き）、「へー♪」（興味）、「ほーっ！」（感心・称賛）の中から選んでみましょう。

なお、通常の会話では瞬時に反応します。1秒以内で答えてみましょう。

Q

①「小学生の娘に彼氏ができたらしくて」
②「じつは夫、私より十歳下なんです」
③「ネットで一番安いものを見つけて買うのが、趣味みたいなもんね」
④「私、老けてみられがちですが、まだ18歳です」
⑤「いまの会社に勤めながら、土日だけ起業をはじめたんだ」
⑥「私の甥《おい》が、国立の○○大学に合格しましてね」

相づちの仕方がわかっていても、とっさに反応するのは意外とむずかしいのではないでしょうか。では、答え方を見ていきましょう。

A

①「えーーーーっ！」

相手は親御さんですから、普通の「えーっ！」よりも、多少オーバーに見えるぐらいに驚いてあげたほうがいいでしょう。

②「ほーっ！」

相手の方は、ちょっぴり自慢したいのでしょう。こちらにいい反応を期待しているわけですから、それに応えてあげましょう。

③「へー♪」

もしもネットに興味がない方は、相手が一番安い商品を見つけたときの喜びを想像してみるといいかもしれません。

④「えーーーっ！」

年齢についてあえて打ち明けたわけですから、内心、相手に驚いてほしいのです。もちろん全くのウソはいけません。でも、3つに感じたものを7つにして返すのはOKです。話し手もそのほうが喜んでくれます。

⑤「へー♪」

聞く方によっては、「ほーっ！」と答える方もいらっしゃるかもしれませんが、ここでは、「へー♪」という興味を示す反応でもいいと思います。

なんとなく実感がわかない方は、土日だけでも会社を興す勇気を、そして社長気分になったご自身を想像してみてください。相手の方に共感できたら、深い気持ちのこもった「へー♪」が口から出るでしょう。

⑥「ほーっ！」

「よくそんなことができるものだ」という「感心」「称賛」を表す相づちが適当でしょう。「へー♪」ですと、やや軽い反応のように感じます。

困ったときに重宝する相づち

なお相手の話に少しでも驚きを感じたら、「えーーっ！」という表現を使ってみましょう。どう反応していいかわからないときにも重宝します。たとえば、

「この間のゴルフ、80台で回れたよ」

相手の方がニコニコとうれしそうに話しかけてきました。

でも、ゴルフに詳しくなければ、どれだけすごいのかがわかりませんよね。

こんなふうに困った場面では、「えーーっ！」と反応してみましょう。あなたが感じたことの2倍ぐらいならオーバーでも大丈夫ですよ。

「先週、彼氏から別れを告げられて」

こうした突然の悲しいお知らせに、どう反応したらいいのか戸惑ったときなども、

相づちの練習2
………

あれ？
練習してたんじゃなかったの？

「えーーっ！」と驚いてもいいんですね。

「えーーっ！」と言って、驚きの表情のままで相手の言葉を待てばいいのです。

「あまりに突然の言葉に、なんと言ってあげればよいのかわかりません」というニュアンスが相手に伝わります。きっとあなたのピンチを救ってくれるはず。

大切なのは、お互いの感情を呼び起こすこと

相手の話に大きく反応するのが苦手な方に、試してほしいことがあります。

それは「このあと会話が続くだろうか」「どう言えばいいのだろうか」という心配をひとまず脇に置くことです。

なかには反応はまずまずなのに、表情に先の展開を心配するかげりが読み取れてしまう人もいます。**どうぞ心配など捨ててください。そして、自分と相手との間に流れる気持ちに浸りきってみてください。**

本来、会話は続けること自体に意味はありません。お互いの話から様々な感情を呼び起こして、それに浸ることが目的なんです。

さあ、話し手の今の気持ちに集中しましょう。どんな気持ちが伝わってきますか。話し手の気持ちを感じたら、恥ずかしがらずにあなた自身の気持ちを表現するのです。ご自身もとても気持ちがよくなって、会話を楽しめるようになりますよ。

「えーっ！」……ふだん声を出して相づちを打つ習慣のない方は、一人のときに、「えーーっ！」と声を出す練習からはじめてみよう。

「へー♪」……「♪」のところは明るいトーンで言ってみよう。知らない話題でも、気持ちに焦点を当てて聞くと心のこもった相づちになる。

「ほーっ！」……話に感心したら、まずは「ほーっ！」と言ってみよう。

6

「プチ不幸話」をされたときの応え方

「ありゃー」で相手が笑顔になる

次に紹介するのは、「えらいことになりましたねー」「まずいですねー」といった同情の気持ちを表す「ありゃー」という言葉です。

これは本当に会話を楽しんでいる人しか使いません。

「会社から出た臨時ボーナスを妻に内緒にしていたのですが、私の同僚がついうっかり口を滑らせて、妻にボーナスのことがバレちゃったんですよ」

「ありゃー」

「自分の能力を超えた仕事なのに、〝できます！〟なんて強がって引き受けて失敗しまして、会社に500万円ぐらいの損失を出させてしまいました」

「ありゃー」

「会社に税務署が入りまして、ごっそりと税金を持っていかれましたよ」

「ありゃー」

こんなケースで「ありゃー」と言ってあげると、話し手は皆、なぜか笑顔になって、どんどん話しはじめるものなのです。

人間というものは皆に注目されたいし、話題の中心にもなりたいもの。そのために多くの人は、この例題のようなプチ不幸を得意そうに話します。

そこに「ありゃー」という反応をもらうと、話し手の気持ちは燃え盛ります。

この反応は、同情の気持ちもあれば、からかいも半分ぐらいある感じで、話し手と聞き手が、その気持ちを楽しんでいるという風情があります。

「ありゃー」と言えるようになれば、ずいぶんたくさんの感情表現ができるようになりますから、会話の上達を目指す人には、ぜひチャレンジしてほしい表現です。

家族や友人など関係が深い人にいきなり使うと、相手がいつもと違うあなたに違和感を抱くかもしれません。

まずは、ふだんのあなたをよく知らない人に使ってみて相手の反応を見ましょう。

それでうまくいけば、関係の近い人にチャレンジの幅を広げていくことをお勧めします。

相手が「プチ不幸話」を切り出したら、「ありゃー」（「あちゃー」も可）と言ってみよう。相手の話す気持ちに火がついて、意外と明るく話してくれる。

2章

1秒で伝わる！「瞳ピント」の親しみルール

どんな人も〝にこやか〟になる

あーあ…口下手なボクでも上手に気持ちが伝わる方法ないかな～
そんなの**「瞳ピント」**を使えばカンタンさっ
マキオさん!!なんですか!?その**「瞳ピント」**って!!
ガバッ
「目は口ほどにものを言う」よね
口下手なキミの悩みなんて**「瞳ピント」**で楽々解決さっ

それをするとどうなるの?
ガタンッ
アレを見ろ!!
ブッさんがメスネコと仲良くなろうとしている
ジッ…
オオ♡
何、猫に学んでるのよ

7

初対面の人にも、ちゃんと伝えたい「親しみの気持ち」

「アイコンタクト力」を磨いていこう

初対面でも「話しやすい」「感じがいいな」と思える人は、**「アイコンタクト」「表情」「声のトーン」「態度・しぐさ」の4つのコミュニケーション**を使っています。

どんな出会いも、お互いを見ることからはじまります。そして、目と目が合って笑顔になり、会釈をして明るい声で「こんにちは」と伝えます。この間に、緊張感や警戒心がとけて、うちとけた雰囲気が生まれます。

「こんにちは」という言葉だけでは、単に「こ・ん・に・ち・は」という音声情報しか伝えていません。これではまだ、どんな気持ちも伝えていないのです。

その上、相手の目も見ずに、無表情、暗く小さな声、あいまいな態度で「こんにちは」などと言ったら、下手をすると「あなたなんかと話したくない」「あなたが嫌い」などという逆のメッセージとして受け取られかねません。

それに対して、４つのコミュニケーションを使うと、「あなたと会えてうれしい」「あなたに親しみをもっています」「あなたと仲良くなりたい」こんな親しみの気持ちを伝えることができるんですね。

なかでも、アイコンタクトを意識的に上達させることをお勧めします。

理由は二つあります。第一に、アイコンタクトは最小のエネルギーで行動をおこせるからです。目を合わせるだけなので笑顔になるよりはるかにやさしいはずです。

第二は、相手の気持ちをつかむ効果がバツグンだから。わずか数秒で「私、あなたにメッセージがあります」と伝えられ、アイコンタクトを受けた側は、「おっ、この人は私になにかメッセージがあるのだな」と感じます。

しかも、最初のアイコンタクトさえうまくいけば、残りの３つのコミュニケーショ

ンも連動して動きはじめます。

目と目が合って笑顔にもなり、自然と声も明るくなって「こんにちは」と言えるんです。ときには、「やあ」なんて動作も生まれるかもしれません。それを見て相手も、「ああ、この人は私にいい気持ちをもってくれているのだな」と感じます。まずは魅力的なアイコンタクトを身につけることからはじめましょう。劇的に人との関わり方が変わりますよ。

とくにアイコンタクトは大事。簡単にできるうえに、親しみの気持ちを瞬時に伝えられる。

8

効果バッチリ「瞳ピント」の使い方

あいさつするときにもやってみよう

私が教室でアイコンタクトの重要性を訴えますと、「アイコンタクトぐらいしていますが……」と生徒からいぶかしそうに反論を受けることがあります。

アイコンタクトとは、相手の瞳にあなたの焦点を合わせることです。

でも、ほとんどの人は相手の顔をぼんやり見ているだけですね。よくて目のあたりをぼんやり見ている程度です。

教室で、ある実験をしてみました。私が生徒にアイコンタクトをするのですが、あるときは瞳に焦点を合わせ、またあるときは瞳をぼんやり見ます。

生徒には、私がいつ瞳に焦点を合わせたかを当ててもらうのです。

そうしたら面白い結果が出ました。アイコンタクトが日頃からしっかりできている人は、私が瞳に焦点を当てているかどうかがすぐにわかりました。

一方、アイコンタクトが苦手な人は、私がその人の瞳に焦点を当てているかどうかわからなかったのです。

彼らは日頃から相手の瞳をちゃんと見ていなかったから、私の瞳の小さな動きに気づけなかったのです。アイコンタクトをしているつもりで、できていない可能性があるんですね。あなたはいかがですか。

なお、相手の瞳にピントを合わせる（以後、「瞳ピント」と呼びます）のは、強く伝えたいメッセージがあるときだけでOKです。瞳にピントを合わせる時間は、思いを伝えるときの1秒か2秒の間だけと考えてください。

たとえば、誰かに「おはようございます」と言うときでも、言葉を発する直前に「瞳ピント」を行い、言葉が終わったら会釈をして視線を外します。また顔を上げたとき、もう一度、相手に「瞳ピント」をします。そのとき笑顔になれれば最高ですね。

それが終わったら、相手の目の下に視線をもっていってもいいですし、顔全体をぼんやり見る程度の目のやり方（以後、「ぼんやりピント」と呼びます）でOK。会話中でも、相手に強く伝えたいメッセージがあるときだけ「瞳ピント」を使います。

こんなふうに話そう！ルール

挨拶するとき以外でも、会話中、「ここぞ」という場面で使ってみよう。

9

仕事やプライベートでも使ってみよう

何気ないふだんの会話もはずみ出す

実際に「瞳ピント」の使い方を見ていきましょう。次の会話では、どの会話の箇所で「瞳ピント」を使うと、相手の反応がよくなると思いますか。あなたがお友達に「旅行に行く話」をしているつもりで考えてみてください。

Q

あなた「私、今度イタリアに行くんだ」
相手「すごいじゃない、うらやましい」
あなた「うん、ヨーロッパは、はじめてなのよ」

いかがでしょう。効果的に瞳ピントを使えましたか。次に使い方の例を紹介しておきます。

A

あなた「私、今度イタリアに行くんだ」

⇩ここで瞳ピント！

友達「すごいじゃない、うらやましい」

⇩相手が共感してくれたのですから、ここでも瞳ピント

あなた「うん、ヨーロッパは、はじめてなのよ」

⇩もう顔全体にぼんやりピントでＯＫ

瞳ピントを使えば、あなたの熱い思いがドドドッと相手に伝わり、話が盛り上がります。話し上手な方は、気づかぬところでこんな工夫をしていたのですね。

店長の視線
ハンパないんだよな
つい共感しちゃう
ってゆーか

つまらない話なのにさー
つまらなくて悪かったわね!!

営業時にお客さまと話すとき

営業マンこそ、この瞳ピントを活用しないわけにはいきません。
次の会話では、お客さまが営業の人に、ちょっときつめに詰め寄っています。
あなたが営業をしているとしたら、瞳ピントをどのように使いますか。

Q

お客さま「で、この商品は本当に役に立つの？」
営業　「もちろんです！　なぜなら○○のメリットがあるからです」

さあ、いかがでしょう。どこで使えばいいか、わかりましたか。では答えを見てみましょう。

A

営業「もちろんです！（**ここで瞳ピント**）なぜなら、○○のメリットがあるからです（**強く瞳ピント！**）」

売れている営業の人は、無意識のうちにこうしているはずです。言葉以上に、気持ちを強く伝えていたのですね。相手の話を聞くときも瞳ピントを使えば、相手は親身に聞いてくれていると感じますよ。

コレで友達との会話が盛り上がる

では、最後の問題です。次のシーンは、友達があなたに合コンの感想を切り出しています。あなたは、どんなふうに瞳ピントを使いますか。

Q

相手　「昨日の合コン、期待してなかったんだけどね」
あなた「うん」
相手　「それが、石川遼クン似のイケメンがいたの！」
あなた「えーーーーっ！」
相手　「でも席が遠くて、あまり話せなかったのよ」
あなた「残念」

この問題は意外と簡単ではなかったでしょうか。では、答えです。

A

相手　「昨日の合コン、期待してなかったんだけどね」
あなた「うん」（⇩**まだ、ぼんやりピント**）

相手　「それが、石川遼クン似のイケメンがいたの！」
あなた「えーーーーっ！」（⇩**瞳ピント！**）
相手　「でも席が遠くて、あまり話せなかったのよ」
あなた「残念」（⇩**ぼんやりピントに戻す**）

こんな感じで、相手の強い思いがこもった言葉を受け取ったときや、相手の話であなたが何かを特に強く感じたときに瞳ピントを使います。

聞き上手は、こういうことを習わなくても臨機応変に使い分けて、相手の気持ちを高めているのです。

補足ですが、瞳ピントを外したあとも、視線はちゃんと相手の顔にあることを忘れずに。顔から視線が外れたら、もうあなたの気持ちは届かないし、相手の気持ちも受け取れません。

では、まずは明るくて魅力的な人が話すときのアイコンタクトの使い方を観察してみましょう。それがあなたを魅了するなら、瞳ピントは正しいのです。あなたも少しずつ瞳ピントの技を身につけていきましょう。

とくに気持ちを伝えたい場面や、会話を盛り上げたい場面では、ぜひ瞳ピントを使ってみよう。
また、会話をしていて楽しいなと感じる相手から、アイコンタクトの仕方を学ぶのも手。瞳にピントを合わせるタイミングや、ぼんやりピントに戻すタイミングを探ってみると、いいヒントが見つかるはず。

3章

この「フレーズ＆話題」なら、どんな相手もノッてきます

「二往復」以上のやりとりも
楽勝です

キミたち、猫は好きかね？
好きですが、突然どうしたんですか？
好きです…
一週間あずかれないかなぁ……
うちにも一匹いるので……
旅行に行くんだよ…
どうしたらいいかねぇ…
ペットホテルはどうだったんですか？
すごいなカオリさん
部長相手に言葉のキャッチボールができてる…

満室で…
私以外で猫をあずかれる…
受けとって♡
はいっ
言葉のキャッチボール
猫好きな人
スバル君、猫好きですけど引き取れないよね？
私の気持ち受けとって♡
カオリさん！
その末は…
はいっ受けとります!!
オオ!!
えっいいの？

10

「定型フレーズ」を使えば、二往復以上やりとりできる！

まずは反応のいい人で試してみよう

人に話しかけるか、ためらうか。一つひとつは小さな出来事ですが、積み重なると思わぬ差になります。

言葉と言葉を交わすことではじめて、新しい人との関係がスタートします。気の合う友人が見つかったり、ときには恋が芽生えることも。仕事上の協力者が見つかるかもしれません。

なによりもお伝えしたいのは、人と話すことは本当に楽しく、幸せな気持ちになれるということです。この点については、これからじっくりお伝えしていきます。

誰かに話しかけるのを避けていると、この幸せな瞬間をごくわずかしか経験できないことになります。本当にもったいないことです。これからお伝えする話題を使って、誰かに話しかけてみませんか。あとは、あなたの勇気しだいですよ。

さあ、まずは会話のお相手を探しましょう。明るく反応のいい人を話し相手に選ぶのが秘けつです。明るい女性を練習台にお勧めしますよ。感情表現も豊かで気づかいもあり、優しいですからね。

もし、自分の周りは反応のない人ばかり、という気の毒な方がいれば、練習相手を求めて他流試合に出かけねばなりません。

お相手は接客業をしている人がいいでしょう。一番のお勧めは美容師さんです。ちょっとした会話でよければ、お弁当屋さんやお惣菜屋さんの店員さんも、いいお相手ですよ。あなたはお客さんですから、きっといい反応をくれるでしょう。

さて、いよいよ実践です。短いやりとりでかまわないので、まずは会話が二往復することを目指しましょう。

まずは“ひと言会話”から、はじめよう

このフレーズで
二往復は、やりとりできる

自分　**「○○○ですね」**

相手　「そうですね」

自分　**「それで私は ××× ですよ」**
　　　（「それであなたは△△△ですか」）

相手　「本当ですね」（「そうなんです」）

自分　**「では、また」**

会話が終わったら、その場を去ってＯＫ

やりとりのコツは、「○○ですね」と話題を振ったら、「それで私は……ですよ」、または「それであなたは……ですか（ですね）」と会話をつないで、相手の反応を待つことです。最初は二往復が目標ですよ。こんな感じです。

あなた「今日は寒いね」
相手　「そうですね」
あなた「マフラーがいりますね」
相手　「本当ですねー」
あなた「じゃあね」

これで撤収しましょう。最後に瞳ピントで笑顔になれば、好印象まちがいなし。

これだけできたら大成功！　自分をほめてあげましょう。相手も別に違和感なく受け入れてくれます。話題もないのにグズグズされるほうが相手も困るでしょう。

「もしも、相手がノッてきたら？」

もちろん撤収せずに話を広げてください。

さて、いかがでしたか。これならできそうでしょう。二往復したら、その場から去る。さあ、チャレンジです。

慣れるまでは会話の相手は明るく反応のいい人を選ぼう。「まだ寒いですね」などと話しかけ、会話が二往復したら瞳ピントで笑顔。「それでは」と撤収。これで大成功。

11

どんな相手にも使いやすい「定番ネタ」

天気の話でも、これなら続く

誰かに話しかけるときは、あなたと相手に**「共通する話題」**を使うのが原則です。ですから、大昔より、話しかけるテーマは天気が選ばれてきたのですね。

「今日はちょっと冷えますね」などと声をかければ、多くの方は「そうですね」と答えるでしょう。

このあとは、「それで私は……ですよ」、または「それであなたは……ですか」と会話をつないでみます。繰り返しますが、二往復が目標ですよ。

「冷えるので厚手のニットを重ね着しています」と続けるもよし、「こう冷えると、外回りは相当きついんじゃないですか」と問いかけてもいいでしょう。

天気の話題は「天気」と「気温」を話題にすれば、相手も違和感なく応じてくれます。都会に住んでいれば、「雪」は必ず大きな話題になりますし、「台風」も誰もがノッてくるテーマです。

「雨だね」「天気いいね」「雲行きが怪しいですね」「もうすぐ回復しそうですね」など、いくらでも話しかける話題があります。

気温の変化はそのまま季節の変化になりますから、これは格好の話題ですね。

「今日は寒さも少しましですか」「春が近いですね」「コートもいらなくなりましたね」「半袖でもいいぐらいですね」「もう夏みたいですね」「いよいよ梅雨ですか」「暑いですねー」こんなふうに季節によって、話題はいくらでも出てきます。

カレンダーネタに、人はけっこう反応する

カレンダーというのは月や日にちのこと。これも万人に共通の話題ですから、こ

の話題をもちかければ誰でも返事をしてくれます。
まずは「月」からいってみましょう。

「あっという間に三月ですね」
「もう六月ですか。今年も半分過ぎたのですね」
「もう十二月ですか、早いですね」

このように「もう〇月ですね」という言葉で話しかけられたら、誰でも「そうですね、早いですね」と返事をしてくれるでしょう。そのときに、「もう〇月ですね。私は……ですよ」あるいは、「あなたは……ですか」と話を続ければいいのです。天気のパターンと同じですね。

「もう三月ですね。春物の服をまだ出していません。着る服に困りますよ」

「もう六月ですか。今年も半分終わったのですね。私、今年はまだ何の活躍もしていませんよ」

相手が話し上手なら、いい球を返してくれるものです。

「大丈夫。オレなんかこの二十年、ちっとも活躍してないよ」

こんな答えが返ってきたら、話を終えて笑いながら帰ってきてもＯＫです。話し終わったら帰る。この決まりをきっちり守れば、誰かに話しかけるのも平気になりますよ。

さて、次は日にちですね。

「今日は一日《ついたち》なんですね。もう○月ですか！」
「もうすぐ給料日ですね」
「もう今月も終わりですね」

ほかにも、**「もうすぐバレンタインデーですね」「ゴールデンウィークも近いですね」「明日から三連休ですね」**など、いくらでも話しかける話題はあるものです。

ここでも「○○ですね。私は……ですよ」「○○ですね。あなたは……ですか」のセオリーを使って話を続けます。


「今日から四月ですね」

「そうですね」

「私、もうお金ないです。給料をもらって、まだ一週間もたってないのに」

「うわー、もうないの」

「そうなんですよ。かわいそうでしょ」


始業前のちょっとした時間、廊下で同僚とすれちがうときのわずかなタイミングでの会話なら、これでおしまいにしてOK。「ハハハ、では」と笑いながらお互いに去っていけばいいのです。喫茶店などで、もっと腰を落ち着けて会話をするときも、セオリーは同じです。カレンダー上の話題から会話は縦横無尽に広がりを見せますから、意外な流れになることは多々あります。

相手のお金づかいの荒さの話になったり、婚活にいそしんでいる話になったりと、びっくりするような展開が待っているかもしれません。そうなれば相手とあなたの距離はとても近づいたといえるでしょう。

天気やカレンダーのネタは使いやすいうえに、いい反応を引き出しやすい。

12

相手を気にかけた話題は、話が続かなくても好印象

「いたわりの言葉」で関係が変わる

「風邪ひいていたんでしょ。大丈夫?」

自分のことを気にかけてくれて話しかけてもらえたら、誰だってうれしくなるものです。**たとえ、「うん、大丈夫」と短い返事で会話が終わっても、相手はあなたに対していい印象をもつでしょう。**

相手をいたわるには、日頃から他人の苦労や困っていることに気がつく細やかさがいるということです。

たとえば、職場で同僚や部下、あるいは後輩にこんなひと言をかけてみたらいいか

がでしょう。


「クーラーが故障して、暑い中で仕事をしているんでしょう」

「急なキャンセルが出て、大変だったそうだね」

「たくさんクレームがきたんだって。くたびれたでしょう」

「奥さん、病気なんだって」

「メンバーの一人が倒れて、人手が足りないらしいじゃない」

「もう二週間も休んでないんだろう」

「期待されているだけに、プレッシャーもかかるよね」


こんな言葉で、いたわってもらえれば、誰もが元気をもらえた気分になります。

とくに女性はこういう「いたわりの言葉」に敏感で、そういう気づかいができる人がいる職場なら、いつまでも働き続けたいと思うようです。

いかがでしょう。職場のリーダーで女性とのやりとりに苦労している人、奥さんが仏頂面《ぶっちょうづら》をしていて居場所がないご主人、なぜか最近ワガママばかり言う彼女に手をやいている男性など、女性が困っている部分をピンポイントで言葉にしてみてはいかがでしょうか。

相手が苦労していることや、困っているところはどこなのか、日頃から観察しておこう。ここぞという場面でスッと言葉にできる。

13

話す内容が見つからないときのテク

お互いの気持ちを話題にする

「会話は二往復で満足して、それ以上話が続かないときは撤収」と言っても、「それすらむずかしい」「話が続いてしまったら?」などと安心できない方もいるかもしれません。

そんなときは、なるべくお互いの気持ちに目を向けてみるとうまくいきます。

あなた「あ、おはよう。明日は給料日だね」

相手　「そうだね」

あなた「辛抱の日々も、今日で終わりか。我ながらよく耐えました」
相手「給料前は苦しいね」
あなた「給料日があと三日延びたら、生きるのをあきらめるかも」
相手「明日も会社がありますように」

このように自分の正直な気持ちを表現すると、相手も素直に自分を見せてくれます。もう一つ大事なコツをいうと、気持ちは少しオーバーなくらいがいいのです。

あなた「今日は課長が出張で、あなたの課はみんな伸び伸びしてたね」
相手「そうなんですよ」
あなた「パラダイスだったでしょう」
相手「はい、うるさい課長がいないので、お菓子食べ放題でした」

こんなふうに「パラダイス」というオーバーな言葉を使うと、相手も感情を刺激されて、つい本当のことをしゃべったりします。「気が楽だったね」と言うよりも楽しい会話になるのです。

相手がノッてきたら、大きく共感♪

相手があなたの問いかけにノッてきて、「そうなんですよ！　それでね」と話してくれたら、大きく共感することを忘れずに。

「へー♪」と言うだけで、相手はさらに「話すモード」になります。オールを漕《こ》ぐとボートが前進するように、共感は会話に推進力をつけてくれるのです。

相手から質問がきたら、なるべく自分をオープンに。あなたの素直な気持ちを表現してみましょう。

「ええ、課長がいないとネット見放題」とまでは言えなくても、

「課長がいないと、おしゃべりできていいですね」
「いつもと変わりはありませんが、課長がいないと仕事ははかどります」

この程度のお話はできるようになってください。それでこそ相手も話しやすくなるはずです。

あなたが共感を示しオープンになることで、あなたと相手の心がつながります。心がつながると互いに受け入れられるという安心感が生まれ、不安が消えます。

そうなれば互いの心に大きなトンネルができて、いくらでも会話が行き交うようになりますよ。

気持ちを少しオーバーに表現すると、相手もますます話す気になっていく。話しかけたあとは、共感とオープンな会話で話を続けよう。

4章

もっと言葉にしよう！「自分＆相手」の気持ち

会話が深まる、はずむ！〝気持ちボキャブラ〟発見レッスン

私に対する あなたの気持ちが わからない!!
別れましょ
みえこ〜!!
ううっううううぅ……
いらっしゃいませぇ…
どっ どうしたの?
きのう 彼女に フラレて…
オレの気持ち わからないって…
ナオキ君でも フラレるんだね…
いつも明るくて わかりやすい 性格なのに…
甘いのよ
うううう….
ナオキは彼女が どんな話をしようと
いつも生返事 ばかり!
店長
それじゃ ナオキの 気持ちは 全然伝わら ない 振られても しかたないわ
ギュ〜
みえこ…
よし! これからは もっと 気持ちを 言葉に するぞ!!
わかったんなら 仕事に戻りなさい
店長
えー やだなー
ずいぶん ストレートだね
店長

14

「怒り」「悲しみ」「喜び」、ちゃんと表現してますか？

まずはココからはじめよう

会話は「気持ちのキャッチボール」だとお伝えしてきました。あなたは自分の気持ち、相手の気持ちをどのぐらい言葉にできますか。

近年、生徒さんたちは次のような悩みを口にされます。

「自分の気持ちがよくわかりません」

「相手が、どう感じているのかわかりません」

あなたはいかがでしょう。感情がなかなかわいてこない。どう言おうか迷っているうちに、会話が止まってしまう。

こう感じたことはありますか。**もし、そうなら自分の気持ち、他人の気持ちを理解したり、それらを言葉にしたりするトレーニングが必要です。**

幸せな人間関係を築く上でも必要不可欠な要素です。ゆっくりでけっこうですから、ぜひ取り組んでみてください。

相手の気持ちも、くみ取れるようになる

本書の「はじめに」でもお伝えしたように、**私たちは、「自分の気持ち」から「他人の気持ち」を推測しています。**

自分の気持ちを深く知るほど、他人の気持ちも感じ取れるようになります。

『EQ　こころの知能指数』（ダニエル・ゴールマン著／講談社）という本に、こんな素晴らしい一節があります。

「自分の感情を言葉にできたら、その感情はもう自分のもの」

ふだんから気持ちを表現していますか？

「自分の感じ方」を振り返って
一つずつ言葉にしよう

喜　怒　哀　楽

「今、どんな気持ちか？」
「それを言葉にすると、どんな表現になるのか？」

↓

「自分の気持ち」を表現できると、「他人の気持ち」も想像できるようになる！

POINT **とくに「怒る」「笑う」「泣く」といった感情表現を身につけよう**

この一節の存在は、私の教室の女性トレーナーが教えてくれました。

おそらく、気持ちを表現するのが苦手な方は、自分の気持ちを深く抑えつけて生きてこられたのではないでしょうか。

最近では「相手に興味をもてない」という方も増えています。これでは、相手の話を聞いてもつまらないですし、質問する意欲もわかないでしょう。

なぜ、興味をもてないのか。これも根は一緒です。

相手に興味をもてないのは、自分に関心を向けていないからです。さらに奥深くまで突き詰めると、自分の気持ちを強く抑圧しているからといえます。

こうした方は「怒る」「笑う」「泣く」のどれかを遠ざけていることが多いです。

心の奥底に何かが渦巻いているのは感じているけれど、それをあえて表に出そうとしてこなかったのではないですか。

まずは、我慢している気持ちに目を向けてみましょう。それが、気持ちを表現するための第一歩です。

さあ、一緒に自分の気持ちを言葉で表現する練習をはじめましょう。

本当の気持ちを表現していくことで、徐々にボキャブラリー（語い）も増えていきます。そうすれば相手の気持ちも理解できるようになります。

こうして、自分とは違う年代や立場の方々とも、普通に会話ができるようになっていきます。人間関係もぐんぐん広がっていく楽しみを味わうことができますよ。

ふだん、自分の気持ちを表現しているかどうか振り返ってみよう。とくに「怒り」「悲しみ」「喜び」の感情を表現できているだろうか。できていないと感じたら、早速レッスンをはじめよう。

15

「うれしい気持ち」の表現はこんなにある！

喜びの度合いは、さまざまだから

あなたならこんなとき、どんな気持ちになりますか。

「500円を拾った」

「恋人ができた」

「ずっと片思いだった人から告白された」

それぞれの状況をぴったり表す言葉が見つかりましたか。

もしかしたら、どれにも「うれしい」という言葉をあてはめた方はいませんか。

まあ、自分の話のときならそれでもいいのでしょうが、話を聞くときの反応となると、これはちとまずいことになります。

「うれしい気持ち」の一例

感激
満足
満ち足りる
幸せ
万万歳《ばんばんざい》
有頂天
天にも昇る気持ち
飛び上がる
ついてる
ハッピー
ほくほくする
ルンルン

前ページの図のように、「うれしい」気持ちには、ちょっとした喜びもあれば、飛び回りたいほど感極まった喜びもあるからです。それらをひとくくりに表現してしまうと、話し手は気持ちを受けとめてもらえないと感じるでしょう

あるいは、次の会話での聞き手の返事の仕方についてどう思いますか。

「長く寂しい毎日でしたが、ようやく恋人ができましてね」

「それはよかったですね」

これでもよさそうに感じる方もいらっしゃるかもしれません。でも、「よかった」という言葉には、どこか「上からものを言う」ニュアンスが感じられませんか。

せっかくですから、こういうときには「幸せ」という言葉を使って、

「それは幸せですね♪」

と共感してあげましょう。もちろん自分の話のときは、

「長く寂しい毎日でしたが、ようやく恋人ができまして。今とっても幸せです」

と表現します。

こんなふうに、うれしい気持ちを表す言葉はさまざまあります。それぞれの場面でぴったり合うボキャブラリーを豊富にもっておきたいですね。

では、早速レッスンをはじめましょう。

次の状況では、あなたはどのような気持ちになりますか。「うれしい」以外の言葉で表現してみましょう。

Q

①「500円を拾った」

②「ずっと片思いだった人から告白された」

③「どの先輩が行っても門前払いだったお客さんから、自分がはじめて申し込みをもらえた」

A

①「500円を拾った」

これには、**「それはついてますすね」**という言葉があります。

②「ずっと片思いだった人から告白された」

「それは幸せですね」でも、もちろんＯＫですが、ここは**「感激ですね」**という言葉があります。「感動」ではありませんので、ご注意を。

③「どの先輩が行っても門前払いだったお客さんから、自分がはじめて申し込みをもらえた」

こんな人に「それはよかったですね」では拍子抜けもいいところ。「ああ、この人は自分の気持ちをわかってくれない」と落胆されるでしょう。

ここでは、とっておきのひと言、**「それはかっこいい」**で決めてあげましょう。

「よかった」という言葉には、「偶然」「ラッキー」というニュアンスも感じられます。この方は、明らかに努力と営業の天分で売上をつくったのです。決して偶然、運がよかったわけではありません。

このようにボキャブラリーが増えれば、自分の気持ちをバリエーション豊かに表現できますし、また相手の気持ちを深くくみ取ることも自在になります。会話が広がるのが目に浮かびます。

まずは「気持ちを表現する言葉」を覚えて、チャンスを見て使ってみましょう。そのときの相手の反応も見逃さないようにしましょう。楽しみですね。

ぴったりくる言葉で表現してもらえると、話し手の気持ちはさらにはずんでいく♪

16

抑圧しやすい「怒りの気持ち」

私たちが表現しにくい感情の一つ

うれしい気持ちはプラスの感情ですから表現も楽ですが、「怒りの気持ち」は攻撃的なので、私たち現代人は、この気持ちを言葉にするのがとても苦手です。

しかし、自分の素直な気持ちを心の奥に閉じ込めれば、やがて、うつのような別の形をとって自分を苦しめることになりかねません。日ごろから、怒りの気持ちを言葉にする練習が必要になります。

では問題を解きながら、表現方法を学んでいきましょう。**102ページのクエスチョンをご覧ください。もし、あなたがこのような目にあったら、どんな気持ちになりますか。なるべく違う表現を心がけて、ご自身の感じ方を言葉にしましょう。**

「怒りの気持ち」の一例

Q

①「課長が急に残業を言いつけてきて、デートをキャンセルすることになった」

②「他にも手があいている人がいたのに、私が断るのが苦手だって知っているから、私にばかり言いつけるのよ」

③「陰で、私に言えばなんとかなるって、言っているらしいわ」

④「それで自分は、サッカーを見に行っていたらしいの」

これはケースバイケースで異論も出そうですが、怒りの度合いに沿って表現方法を見つけてみました。

A

①「課長が急に残業を言いつけてきて、デートをキャンセルすることになった」

これは「ひどい」でいかがでしょうか。

②「他にも手があいている人がいたのに、私が断るのが苦手だって知っているから、私にばかり言いつけるのよ」

こちらは「腹が立つ」。ありきたりですが、やはり、この言葉は便利です。

③「陰で、私に言えばなんとかなるって、言っているらしいわ」

ここまでくると「悔しい」という表現が当たっている気がします。

④「それで自分は、サッカーを見に行っていたらしいの」

そして、ついに「許せない」となります。

みなさんはもっと別の表現を見つけたかもしれません。もちろん多様な表現方法がありますので、自分で気がついた感じ方を大事にしてください。

怒りの気持ちは当事者にぶつけなくていいので、**まずは「自分はあの人をひどい（許せない）と思っているのだな」と感じ取ることが必要です。**そして当事者の耳に入らないところ（会社のことは友人や家族、家族のことは友人）で、怒りを表現して適当に発散することが心の健康を保つ秘訣です。

そうすることで会話力もついていきますから、ぜひ試してみてください。

なお、怒りの気持ちを表す言葉に「むかつく」がありますが、私はこの言葉をあまりいい表現だと感じていません。しかも、**この言葉を多用していると、「本当はどんな気持ちなのか」「なぜそういう気持ちになったのか」をつかめなくなると思います。**人生を上向かせたい人は、あまり使わないほうがいいでしょう。

「ひどい」「許せない」など、怒りの度合いに応じた表現方法を増やしていこう。

17

共感次第で「悲しい気持ち」は消えていく

悲しみの気持ちにも強弱がある

悲しみの気持ちも、ふだん軽々しく口にできる感情ではないので、抑圧しやすい気持ちの一つです。相手が悲しい気持ちを聞かせてくれるということは、あなたに心を許しているという証です。ここで十分に相手の気持ちをわかってあげることができれば、相手にとってあなたはかけがえのない人になるでしょう。

悲しい気持ちにもいろいろな段階があり、強弱があります。次ページのクエスチョン場面では、相手の気持ちをどのように受けとめてあげますか。できるだけ「悲しい」という表現は使わずに、ご自身の感じ方を言葉にしてみましょう。

Q

①「昨日、定価で買ったワンピースが、今日は割引になっていたのです」

②「私は妻を楽しませようと、外食に誘ったり旅行の企画を考えたりしているのですが、妻は私と同じ空気を吸うのが嫌だと言うのです」

③「上司から半ば強制的に退職を迫られて、毎日ひどい仕打ちを受けているのですが、職場の仲間はみんな見て見ぬふりなんです」

④「離婚した妻との間に5歳の娘がいて、私に会いたがっているのですが、妻が再婚したので、新しい夫と娘がうまくいくように、私は娘と会わないことに決めたのです（と涙ながらに）」

「悲しい気持ち」の一例

胸がはり裂けそう
断腸の思い
たえがたい
やりきれない
涙をのむ
泣くに泣けない
心にぽっかり穴があく
たまらない
つらい
泣きそう
胸がいたむ

さて、自分なりの言葉が見つかりましたか。なかなか見つからなくて苦労した方は、ふだん気持ちを表現しないで暮らしていると思ってまちがいないです。

A

①**「昨日、定価で買ったワンピースが、今日は割引になっていたのです」**

これは軽い悲しみですね。**「泣きそう」**で、どうでしょうか。

「定価で買ったワンピースが、今日は割引になっていて泣きそうでした」

こんなふうに使います。

あなたが聞き手のときにそう言われたら、「わあ、泣きそうですね」と気持ちをわかってあげる言葉として使います。

②**「私は妻を楽しませようと、外食に誘ったり旅行の企画を考えたりしているのですが、妻は私と同じ空気を吸うのが嫌だと言うのです」**

もう話を聞くのが苦しい状況になってきました。ですから、ここは素直に

「おつらいですね」でいいでしょう。

③**「上司から半ば強制的に退職を迫られて、毎日ひどい仕打ちを受けているのですが、職場の仲間はみんな見て見ぬふりなんです」**

「それはひどい！」でいいのですが、悲しみを表す言葉を探すなら「やりきれない」という、とても深い気持ちを表現する言葉があります。

「それはやりきれないですね」と気持ちをわかってあげてください。

④**「離婚した妻との間に5歳の娘がいて、私に会いたがっているのですが、妻が再婚したので、新しい夫と娘がうまくいくように、私は娘と会わないことに決めたのです（と涙ながらに）」**

ついに最上級の悲しみがやってきました。お父さんの話を聞くと、こちらま

で胸が苦しくなりそうです。ですから、**「胸がいたみますね」「こちらまで胸がいたくなります」**という表現がぴったりです。

悲しみの気持ちをうまく表現できるということは、悲しみから早く抜け出せるということ。

元気な毎日を送るためには欠かせない表現力だと思います。

「この表現はいいな」と感じたら、ぜひ言葉の引き出しに入れておいて、いつでも取り出して使えるようにしておいてください。

表現しづらい感情の一つ。ふだんから、自分の気持ちに目を向けて表現方法を磨いていこう。次第に相手の気持ちを受けとめられるようになる。

18

落ち込んでいる人は励まさない

その人の気持ちに、まずは寄り添う

人生に落ち込みはつきもの。そんな人を元気にしてあげるのは励ましの言葉ではなく、落ち込んだ気持ちを「受け入れてあげる言葉」です。会話ではよく出てくる気持ちですから、さまざまな感情を表現できるようにしましょう。

次ページのクエスチョンをご覧ください。もしも、あなたが①～④の状況に陥ったら、どんな気持ちになりますか。ご自身の感じる気持ちを言葉にしてみましょう。

なお、落ち込んだ気持ちにも、軽めの「ショック」から、「絶望」に至るまで、いろいろな表現方法があります。113ページに表現例を紹介しているので、参考にしてみてください。

Q

①「勇気を出して髪を切ったら、皆が前のほうが似合ってたって言うのです」

②「一晩かけて作った資料を朝、上司に持っていったら、『それいらなくなったよっ』て言われました」

③「元彼のこと、今でも好きなんですけど、実は彼、私と同じ会社に勤めていて、よりによって、私の同僚と付き合いはじめたようなんです」

④「私は派遣社員なんですが、私が作った企画書を上司が、さも自分が考えたような顔をして会議に提出したら、採用されて彼の手柄になったようなんです」

「落ち込んでいる気持ち」の一例

絶望的
立ち直れない

ふさぎこむ
めいる

くじけそう
沈みこむ

落胆する
がっかりする

気が重い
気落ちする

へこむ
ショック

これぞと思う表現は見つかったでしょうか。では、答えの一例を紹介します。

A

①**「勇気を出して髪を切ったら、皆が前のほうが似合ってたって言うのです」**

これは落ち込み度合いもまだ小さいと思います。ですので**「へこむね」「落ち込むね」**といった言葉が適当かと思います。

自分の話のときは「勇気を出して髪を切ったら、皆が前のほうが似合ってたと言うので、へこみました」と使います。

②**「一晩かけて作った資料を朝、上司に持っていったら、『それいらなくなったよ』って言われました」**

今度は落ち込み度合いも上がったはずです。そこで**「がっくりくるね」**で、どうでしょうか。自分の話のときは「『それいらなくなったよ』と言われてがっくりきた」と続けます。

③「元彼のこと、今でも好きなんですけど、実は彼、私と同じ会社に勤めていて、よりによって、私の同僚と付き合いはじめたようなんです」

さあ、胸をしめつけられるような苦しみです。ここは「ショック」という言葉を使ってみたいです。

自分の話のときは、「よりによって、私の同僚と付き合いはじめたようで、ダーーイショックです」などと使えば、親しみがもてます。

間違っても、「別れた人だから、私はいいです」「二人が幸せになってくれればいいです」などと自分をごまかさないこと。ショックはショックです。

自分に正直になったほうが周りも受け入れてくれますし、会話だって上達します。

④ **「私は派遣社員なんですが、私が作った企画書を上司が、さも自分が考えたような顔をして会議に提出したら、採用されて彼の手柄になったようなんです」**

ここまで理不尽な目にあいますと、やる気を失いますね。そこで**「立ち直れないですね」**という言葉がふさわしいと感じました。

自分の話のときは「それが採用されて彼の手柄になったようなんです。もー立ち直れません」と言ってみましょう。

さて、いかがでしたか。私が提案した気持ちはあくまでサンプルです。あなたが感じたことと違う表現でも、間違いというわけではありません。気に入った言葉が見つかったら、ぜひ使ってください。

落ち込んでいる人には、その気持ちを一緒に体験するような感覚で、慎重に言葉を選ぼう。ヘンに励ますと「わかってくれない」とがっかりされる。

19

困っている人には、こんな言葉を

深刻度の違い、どこまで言いわけてる？

人間、社会で暮らしていけば困った状況に出くわすこともあります。

困った状況にもやはり程度の差があり、深刻さもさまざまです。そんな微妙な違いをうまく表現できる人になれば、これはもう話し上手、聞き上手の域に入ったと思って間違いありません。

では、次ページのクエスチョンをご覧ください。それぞれの場面で、あなたなら相手にどのような言葉をかけますか。一つは「困りましたね」という表現を使いますが、何度も使っていては、相手もあなたが本気で心配してくれているのかどうか、疑ってしまうかもしれません。ぜひ、別の表現を探してみましょう。

Q

①「職場の女性から、自分が彼女を好きだと勘違いされていて、仕事中にときどき、ジッと見つめられることがあるんです」

②「最近では弁当を作ってきたり、プレゼントを渡されたりして、どうしていいかわからないんですよ」

③「しかも彼女、私より年が15歳も上で、デートもしたことがないのに、周囲には二人が付き合っているかのような話をしているらしいのです」

④「ついに上司にまで相談しているらしく、私が彼女をもて遊んでいるかのような言い方で訴えたんですよ」

「困った気持ち」の一例

弱る
手づまり
もてあます
やっかい

迷惑
途方《とほう》にくれる
ひどい目にあう
手に負えない

お手上げ
切羽《せっぱ》つまる
踏んだり蹴《け》ったり
頭を抱える

A

①**「職場の女性から、自分が彼女を好きだと勘違いされていて、仕事中にときどき、ジッと見つめられることがあるんです」**

これは困った度合いも、まだ低いと判断しました。しかも同じ男性から見ると少しうらやましい感じもします。そこで**「それは弱りましたね」**という表現で軽く受けとめてみました。

②**「最近では弁当を作ってきたり、プレゼントを渡されたりして、どうしていいかわからないんですよ」**

さて、少し実害が出てきました。先ほどよりも少し深刻になってきました。そこで**「困りましたね」**という言葉が適当なように感じます。

③**「しかも彼女、私より年が15歳も上で、デートもしたことがないのに、周囲に**

は二人が付き合っているかのような話をしているらしいのです」

いよいよ被害が大きくなってきました。**「迷惑ですね」**がお勧めです。

④「ついに上司にまで相談しているらしく、私が彼女をもて遊んでいるかのような言い方で訴えたんですよ」

ついに事件に！　ここまでくると被害者の男性も何か対策を講じねばなりません。そんなことをしなくてはいけないなんて、**「本当にやっかいですね」**。この言葉を送ってもらえたら、話し手の男性も「本当にやっかいです」と気持ちをわかってもらえたことに感謝するでしょう。

深刻度の微妙な違いを理解して、表現を使いわけられればかなりのもの。自分の困った体験を思い出しながら、これぞと思う言葉を蓄えておこう。

20

気に入った表現はどんどん使おう

3回に1回うまくいけば、大成功！

ここまで「うれしい」「怒った」「悲しい」「落ち込んだ」「困った」気持ちをそれぞれお伝えしてきましたが、お気に入りの表現はありましたか。

自分の気持ちをさまざまな言葉に置き換えると、その微妙な違いが感じ取れるようになります。その表現力はあなたに自信を与えてくれるでしょう。ひいては聞く力となって、相手を癒す力になるはずです。

まずは気に入った言葉を意識して使ってみましょう。**はじめは違和感があるかもしれませんが、使い続けていくと、やがて自分の言葉になってきます。**

とにかく新しい場所に出かけて行き、いろいろな人と話をしてみることです。

そこでチャンスがきたら「それは幸せですね」などと言ってみましょう。

ときには相手から「?」という反応が返ってくることもあるかもしれません。

そのときは素直に、

「いまの、ちょっとヘンでした?」

と聞いてみてください。失敗の経験も、あなたの進歩に必ず手を貸してくれます。


3回に1回、いい反応に巡り合えたら大成功と思っていいですよ。


気持ちを表現する言葉をたくさん身につけてほしいです。

まずは、それがどんな気持ちなのかを感じるようにしてください。

次に、他人の話を聞いて感じるところがあれば、「共感の言葉」として相手に送ってあげましょう。

それはこれまで紹介した言葉でも、誰かが使っていた言葉でもけっこうです。使い続ければ徐々に話し上手、聞き上手になっていきます。**お楽しみに。**

実際の会話で、気に入った表現をどんどん使ってみよう。そのうち会話への不安もなくなり、いろいろなタイプの人と会話を楽しめるようになる！

5章

「コレ聞いて！」がポンポン飛び出す「質問」のコツ

どんな話にも
「プチドラマ」がひそんでます

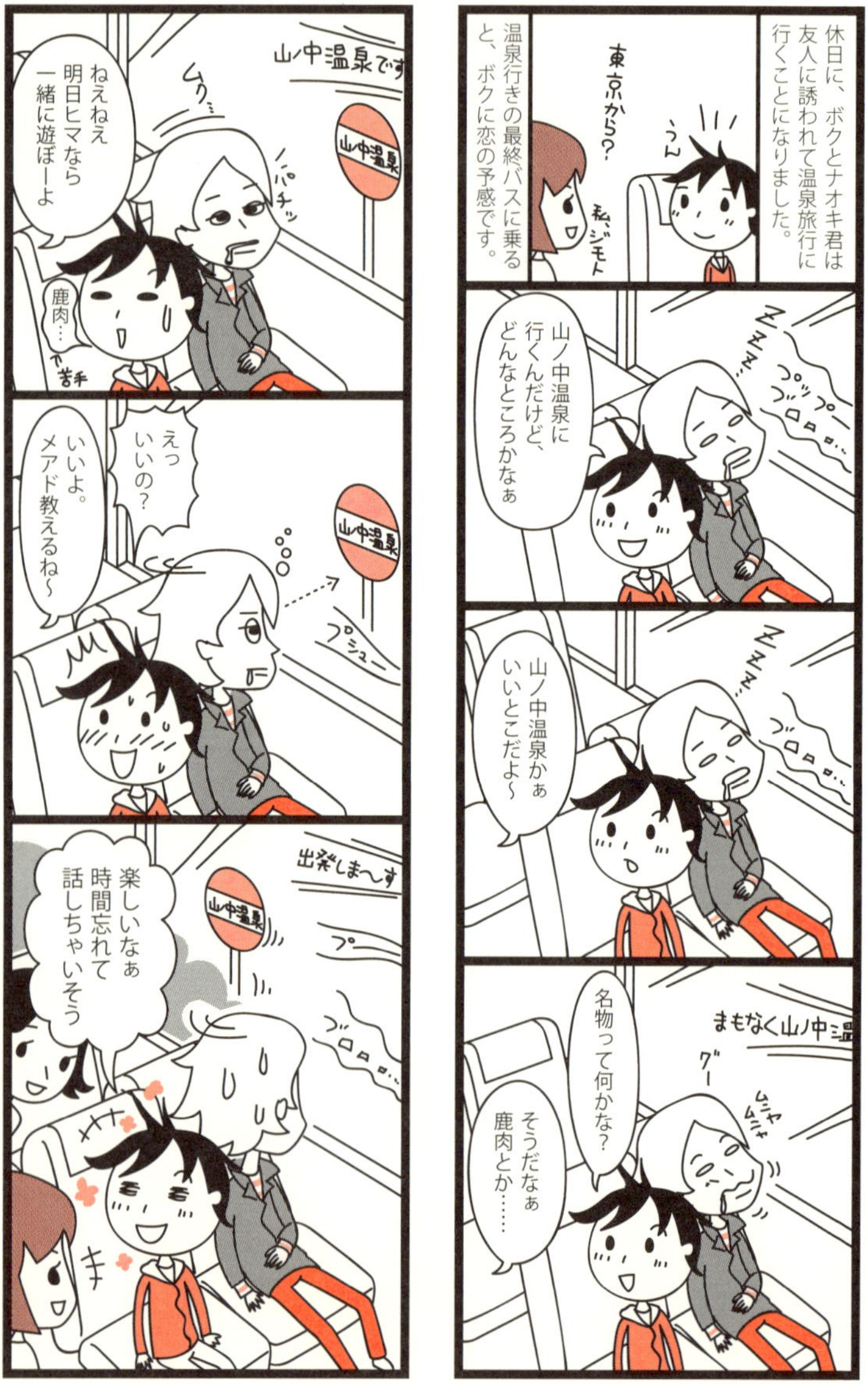
休日に、ボクとナオキ君は友人に誘われて温泉旅行に行くことになりました。
温泉行きの最終バスに乗ると、ボクに恋の予感です。
東京から?
うん
私、ジモト
山ノ中温泉に行くんだけど、どんなところかなぁ
Zzz…
プップー
ブロロロ…
山ノ中温泉かぁ いいとこだよ~
Zzz…
ブロロロ…
まもなく山ノ中温
名物って何かな?
そうだなぁ 鹿肉とか……
グー
ムニャムニャ
山ノ中温泉です
山中温泉
ムク…
ねえねえ 明日ヒマなら一緒に遊ぼーよ
パチッ
鹿肉…
苦手
えっ いいの?
いいよ。メアド教えるね~
山中温泉
プシュー
出発しま~す
山中温泉
楽しいなぁ 時間忘れて話しちゃいそう
プー
ブロロロ…

21

相手の返事が、ひと言で終わり。こんなときは……

やはり打開策は「質問力」

会話をはずませ、相手をつい本音モードにさせてしまう質問があったら、ちょっと使ってみたくありませんか。

相手がフッと笑顔になって、思う存分、話してくれるようになる方法です。会話が続かないという悩みの半分は一気に解消してしまいます。

本章ではこうした質問の仕方について説明していきます。

くわしい説明に移る前に、こんなケースを考えてみてください。

相手が次のような話をしてきたら、あなたはどんな質問を織り交ぜながら、会話をふくらませていきますか。


「紅葉を見に、家内とドライブしてきた」

「バスツアーで、友達（恋人）と紅葉を見てきた」


いかがでしょう。では、やりとりの例を紹介しておきます。

まずは、「へー♪　紅葉ですか」などと相づちを打って反応します。続けて、紅葉についての当たり障りのない話を尋ねる方もいらっしゃるでしょう。

「紅葉ですか～。きれいだったんでしょうね」

「紅葉も見頃の時期ですよね」

このとき相手の方が、

「ええ、本当にきれいでした。天候にも恵まれまして、紅葉が青い空に美しく映えていて、そりゃー最高でした。しかも……」

こんなふうにどんどん話してくれる方なら、相づちを打っているだけでも、会話ははずんでいくでしょう。

問題は、ひと言ぐらいしか返してくれないケースです。

「ええ。そうなんです」「ぜひ行ってみてください」

これに対して、「はい」と答えただけでは会話が終わってしまいます。

さあ、困りました。どうすれば会話が続いていくのでしょう。

実は、こんな「困った場面」に遭遇《そうぐう》しても、ちゃんと対応できる質問方法がいくつもあるんです。

いろいろな場面で応用が効くので、ご自身でもどんどんアレンジできますよ。

では、具体的に説明して参りましょう。

質問のバリエーションを増やしておけば、会話がとぎれる心配はなくなる。

22

どんな話にも「ドラマ」や「サスペンス」がひそんでいる

情景をイメージしながら質問しよう

ズバリ、質問力はイメージする力から生まれます。相手の話を聞いて、その背後に浮かぶ情景をイメージしながら問いかけるのです。

慣れないうちは、ちょっと難しく感じるかもしれません。トレーニング次第でイメージ力はＵＰしていきますから、安心してください。この質問力を身につければ、どんな会話でも応用できます。たとえば、せっかく話を振られても、やりとりが続かず会話が止まってしまいそう。こんなときでも、質問の切り口が次々に見つかります。では、先ほどの会話で説明していきます。

「紅葉を見に、家内とドライブしてきた」
「バスツアーで、友達（恋人）と紅葉を見てきた」

早速、この話をもとに一連の旅の行程をイメージしていきましょう。

前者はドライブの話ですから、まずは **「車」** からイメージしてみます。

おそらく、「どんな車？」「何人乗り？」という質問が思いつくのではないでしょうか。はじめはこうした質問で、ウォーミングアップしてもいいでしょう。

後者の場合は、バスをイメージして、「席はすいていましたか？」という質問からはじめましょう。

次のステップは、相手が一番お話ししたい **「紅葉」につなげる質問**ができるといいですね。

話し手の気持ちは「紅葉」「ドライブ（バスツアー）」「夫婦（友達、恋人）」にあるのですから、車そのものよりも、①**「車内の風景」**のほうが紅葉とつながる可能性があって、会話がはずむと思います。

たとえば「カーナビ」。「いまはカーナビがあるから楽だね」などと話を振れば、相手もドライブと紅葉にまつわる話をしてくれるでしょう。バスも車内の風景に目を移してみます。「どんな客層だった？」「ガイドさんもついているの？」でいかがでしょう。

そして、②**「奥さん」「友達（恋人）」**にイメージを移していきます。

私のアドバイス抜きですんなり「奥さん」「友達（恋人）」をイメージできたのなら、質問の素質がありますよ。

相手の方がどんな姿でいるのか、何をしているのかを想像してみましょう。

「そんなときはどんな服装で？」

「お洒落《しゃれ》をして？」

質問の展開例

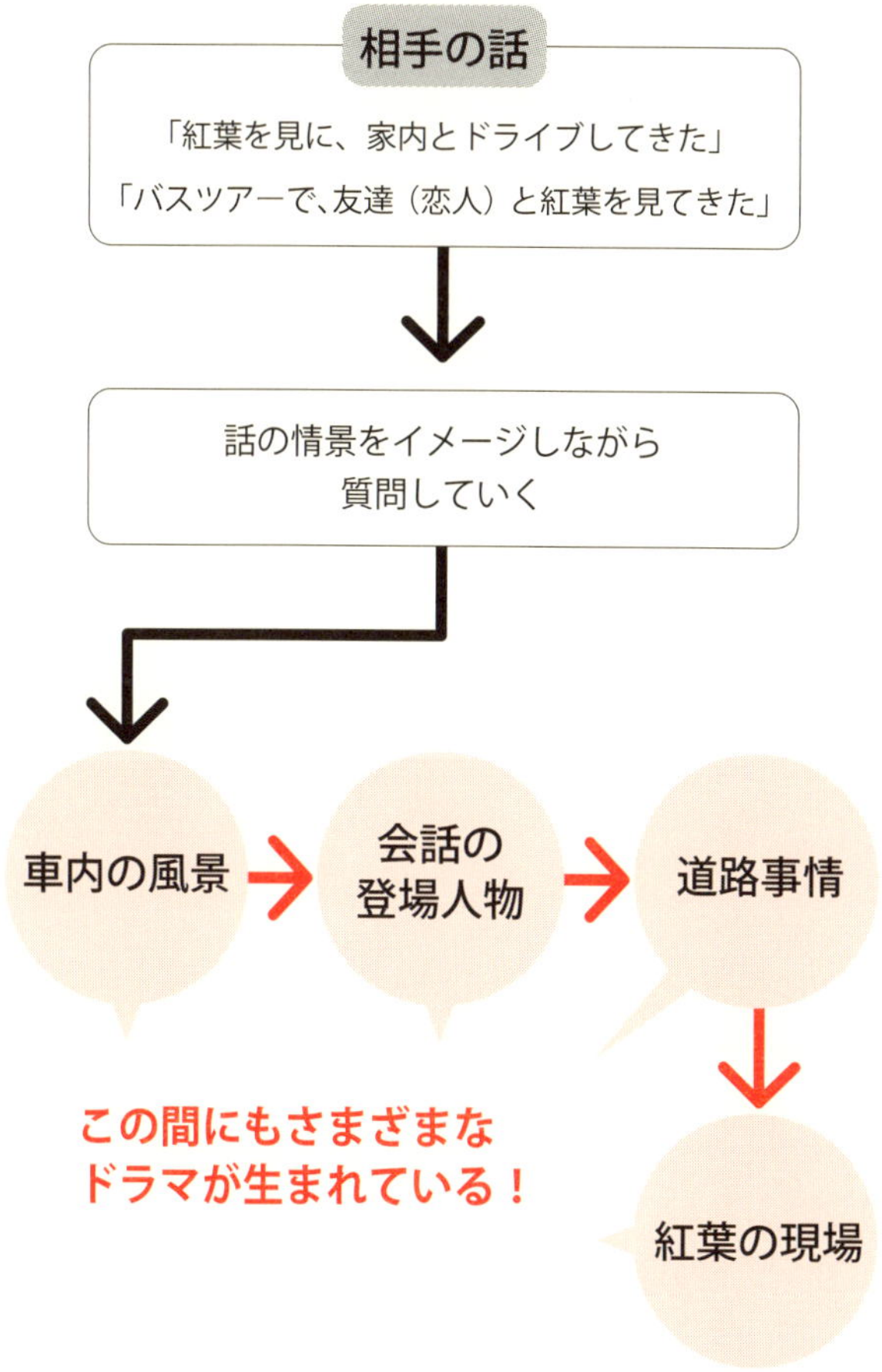
相手の話
「紅葉を見に、家内とドライブしてきた」
「バスツアーで、友達（恋人）と紅葉を見てきた」
話の情景をイメージしながら
質問していく
車内の風景
会話の
登場人物
道路事情
紅葉の現場
この間にもさまざまな
ドラマが生まれている！

「写真もいっぱい撮ったのでしょうね」

こう聞ければ話のとっかかりになるでしょう。

さらに、イメージは③**「道路事情」**へと広がります。

「道は混んでいましたか？」

「どのルートで行ったのですか？」

これなら多くの方が思いついたはずです。

こうして、クライマックスの④**「紅葉の現場」**へとつながります。

「たくさんの人出だったでしょう」

「どれくらい色づいていました？」

多くの場合、「紅葉を見にドライブ」と聞くと、紅葉している山々しか想像できないのではないでしょうか。

実は、どんな話でも、そこに行きつくまでにさまざまな「ドラマ」があり、その

あとにも「サスペンス」が待ちかまえているのです。そこをうまく想像できるように練習していきましょう。

可能ならテレビ番組でよくあるように、映像がガラッと変わるような感じでイメージを変化させていけば、質問の数もどんどん増えていきます。

会話中でも慌てないで、ゆっくり試してみてください。最初は、「ここで何を話そう」とあせるのではなく、「ここでどんな質問ができるかな」と発想を転換するだけでもかまいません。

また、スムーズに質問できなくても、発想が質問に向かっただけで、「会話がうまくなりつつある」と自分をほめてあげてください。そんなふうに一歩ずつ変わっていくことで、必ずいい質問ができるようになりますよ。

相手の話を聞きながら、その情景をイメージしよう。場面ごとに映像を切り替えながらイメージを変化させていくと、質問の切り口が見つかる。

23

会話に登場する人物に注目する

会話の内容を尋ねてみよう

お話のなかで**「登場人物同士」**が、どんな会話を交わしているかを質問できると、会話は俄《が》然《ぜん》盛り上がります。

会話の中にはいつも「気持ち」があふれているからです。会話上手はこのあたりにいつもスポットを当てて質問するので、楽しい会話になるのです。

先ほどの会話では、こんな質問を織り交ぜてもいいでしょう。

「車の中では奥さんと、どんな話をするの？」

「バスの中って、他人の会話が耳に入ってくるよね」
「車の中って、話すことがなくなってくるでしょう」

相手が会話の上手な方なら、こんな質問一つで長い間会話が盛り上がります。

もし、その夫婦が結婚して十年以上たつのに、車で二時間も会話が続くなら脅威的です。びっくりです。たくさんインタビューしてみたいですね。

実際、夫婦というものはいつも一緒にいるので、話すこともなくなっていくものです。私は話し方の講師ですが、家内と車に一時間も閉じ込められたら、もう話すことがなくなります。

旅のお相手が友達、恋人でも質問内容は同じでかまいません。恋人であれば、付き合っている年数によって反応も変わってくるでしょう。

なお、会話は車中だけでするものではありません。紅葉を見ながら、何か会話をするはずです。

「紅葉を見ながらする話は、家でする会話とちょっと違うでしょう」
「紅葉を見ながらする話は、ふだんのデートとは違うでしょう」

こんな感じで会話を引き出します。

会話の中には、話に登場する人物（この場合は話し相手とその妻、あるいは友達や恋人）の関係や、それぞれの人柄などが色濃く出るものです。

そこから話が新しい展開になって、より会話が盛り上がっていくのです。ぜひお試しください。

「その人とどんな話をしたの？」と聞いてみよう。登場人物同士の関係がわかったり、人柄が表れるエピソードが飛び出してきたりする。

24

楽しいエピソードが見つかる質問は？

気持ちにアプローチするのが一番！

年齢や職種を問わず、女性同士が集まるととても楽しそうです。男性同士が集まってもああはいきません。

なぜかというと、女性同士はいつも気持ちについて語り合っているから、あんなに楽しくなるのです。

会話を盛り上げようと思ったら、気持ちにアプローチする質問をしましょう。

会話がうまい人は、先ほど紹介した「登場人物同士の会話」についての質問や、この度お伝えするような「気持ち」についての質問が、とても多いはずです。

「紅葉を見に、家内とドライブしてきた」
「バスツアーで、友達（恋人）と紅葉を見てきた」

相手にこう言われたら、「そりゃ幸せなことだったねー」などと、冷やかし半分で話を振ります。会話上手は、振られた話し手は「まさか！」と言いながら笑顔になって話をするでしょう。

「奥さん、機嫌よかったでしょう」
「旅行前の準備が楽しいよね」
「出発する瞬間が一番、幸せですよね」

とても聞けば、「いやいや、それがすぐに喧嘩になって」などと思わぬ展開になることもあり、楽しい会話になるでしょう。気持ちにアプローチする質問は互いを

「気持ち」にアプローチしよう

例

題材が「旅行の話」の場合

↓

それぞれの場面で、
どのような気持ちになったかを
尋ねていくと話がふくらむ

出発前後

「旅行前の数日間は、
とくにワクワクするよね」

「お弁当のレシピを考えるのも
けっこう楽しいよね」

道中で

「友達同士でも、
話すネタが尽きると困るよね」

目的地に到着したら

「温泉街でお饅頭《まんじゅう》のにおいをかぐと
食べたくなるよね」

「山の空気は澄んでいて
気持ちがいいでしょう」

楽しい気分にさせてくれます。

こんなふうに、気持ちが動いた瞬間を聞いてみる

さらに会話をはずませる秘訣があります。それは気持ちが大きく動く瞬間をとらえて質問することです。

気持ちが動く瞬間には言葉もあふれてきますし、心の中で思いが込み上げてもきます。あるいは、その瞬間に何かの行動をとることもあるはずです。たとえば、

「紅葉が見えた瞬間って、けっこう感激するよね」
「自然の中に入った瞬間に、気分が変わりますよね」

という質問なら話が広がりそうです。

さきほど紹介した、登場人物の会話について尋ねる項（136ページ参照）で取り上げた、「車の中では奥さんと、どんな話をするの？」等の質問に続けて、

「夫婦でも、会話がとぎれると気まずいよね」

「友達同士でも、話すことがなくなると困るよね」

こう聞けば「そうそう、そうなんですよ！」と話はさらに広がりそうです。

さて、気持ちにアプローチする質問の感覚はつかめましたか。

人と会話をするときに「どんな気持ちがあるのかな」と想像しながら、相手の話を聞くと、きっといろいろな質問がひらめきますよ。

相手の気持ちを想像しながら「……な気持ちになりますよね」と尋ねてみよう。

25

「……なときは、どんなことを考えているの？」と尋ねる

ポロリともらす本音に大爆笑

次にイメージするのは相手の「思い」です。つまり、心の中で考えていることですね。

思いは言葉にされてはじめて、強く自覚できるものです。

ですから、相手は質問に答えながらハッとなって、「自分はそんなことを考えていたのか！」と衝撃を受けることもあります。自分の考えに気づいて大爆笑となることも。先ほどの質問で出た、

「夫婦（恋人、友達同士）でも、会話がとぎれると気まずいよね」

という質問の続きで見ていただきましょう。相手が、

「そうだね、困るね」

などと答えてくれたら、こう質問してみるといいでしょう。

「そんなとき、どんなことを考えているものですか？」

ドライブに連れて行った男性側であれば、「『おまえが何か話せよ！』って思っていますね」なんて答えてくれるかもしれません。もう爆笑まちがいなしですね。

意外な一面が覗ける質問とは？

次は**「相手の反応」**について聞いてみます。たとえば、

「奥さん、機嫌よかったでしょう」

と聞いてみます。もしも、「そうでもないですよ」という返事がきたら、相手の

心の中をイメージして、それについてどう思っているのか聞いてみたいですね。

「そんなときは、どんなことを思うのですか？」

相手が喜ぶと思って連れて行くドライブなのに、不機嫌になられては、その甲斐《かい》がありません。きっと心の内は穏やかではないはずです。

「そりゃ腹が立ちますよ。こっちだって無理して行ってんだぞ！って思いますよ」

なんて、話は俄然面白くなっていきます。

相手の思いを聞いたとき、心の内を素直に隠さず答えてくれる人なら、ずっと長く付き合える友達になるでしょう。意外な効用もあるんですね。

自分の思いは、誰かに質問され、答えていくうちに気づくこともある。自分の本心に気づくと、人は大笑いしながら打ち明けたくなるもの。

26

話を過去にさかのぼらせてみよう

「いつ頃からの計画？」と聞く

イメージはさらに過去にさかのぼらせることもできます。

ここでも「紅葉を見に、家内とドライブしてきた」「バスツアーで、友達（恋人）と紅葉を見てきた」を題材にしてみましょう。

これまでの質問の技術を使って現在の話を十分に引き出したら、いよいよ過去にさかのぼります。

「いつ頃からの計画？」

この質問で計画的か、刹那《せつな》的かがよくわかりますね。夫婦で行った場合、「それ

が朝、急に行くことになってね」という返事なら、いつも思いつきで行動している可能性があるので、

「けっこう思いつきで動くの？」

と追い打ちをかければ、過去の失敗談や武勇伝を聞けるかもしれません。

「もしかすると、結婚も突然決めたりして！」

と聞けば、意外な事実につながる可能性もあります。こうなれば話は俄然盛り上がるに違いありません。

反対に「一ヵ月前から二人でネットを見ながら相談して」という返事なら、それは計画的な夫婦でしょう。

「それなら、将来の人生設計もしっかりしているのでしょうね」

と踏み込んでもいいでしょう。「実はそっちは無計画なんですよ」と言ってくれるかもしれませんよ。

質問の観点はたくさんある

情景をイメージする

「道は混んでいましたか？」

「たくさんの人出だったでしょう」

登場人物に注目する

「車の中では、どんな話をするの？」

「旅先でする話は、ふだんの会話と違うでしょう」

話を過去にさかのぼる

「いつ頃からの計画？」

「今までに行った温泉の中で、一番よかった温泉は？」

未来（帰宅後）に話を広げる

「家に着くとホッとするでしょう」

「帰宅後も旅行の余韻《よいん》が残っているでしょう」

ふだんの過ごし方も面白ネタの一つ

「紅葉を見に行きたいって、どちらが言い出したの？」

という質問では、どちらがリーダーか垣間見ることができるかもしれません。

男性は「オレがリーダーシップをとっている」と言いたがりますが、話をよく聞くと「家内（相手）が言い出して、計画して、オレは運転するだけ」なんて家庭もいっぱいあります。

「奥さんがリーダーじゃないの？」

なんてからかえば、「あ、ホントだ」と自分の弱点や強がりを認めてくれるかもしれません。

話し相手が女性の場合、「もちろん、思いつくのは私」「でも、計画・実行に移すのは彼」なんて答えが返ってくれば、ふだんの付き合い方が見えてきます。

「やっぱり、いつのデートもそのパターン？」

こんな話につながって、その先の会話も盛り上がりそうです。
そんな素直な人となら、今後も楽しい会話ができそうです。
さらに遠い過去にさかのぼって、経験を聞いてみるのも手です。

「今まで見た中で、一番の紅葉スポットは？」

と聞けば、ご自身の観光スポットが広がりますね。
いかがでしたか。現在の話を十分に聞いたら話を過去にさかのぼらせてみると、意外な話が続々と出てくるかもしれませんよ。

現在の話をたっぷり引き出したら、過去にさかのぼって質問するといい。題材が旅行なら、これまでに訪れた旅先の話をしてもらうと、意外なエピソードが飛び出して、会話がふくらんでいくことも！

27

未来に話を広げてみよう

帰宅直後の様子を聞いてみる

過去を聞いたら、やはり未来にも話を広げたいところです。未来といっても数時間後のお話でもいいですし、本当に遠い先のお話でもいいですよ。

夫婦水入らずの小旅行を楽しんだ方には、まずはドライブから帰宅直後のお話を聞いてみましょう。

質問する前に、ドライブから帰ったらどんな状況か想像してみましょう。

「運転すると疲れるでしょう」

こんなひと言でもいいでしょう。とりわけ家庭サービスは疲れるものです。運転したのがご主人だけなら、ぜひ彼をねぎらってあげましょう。

しかし、奥さんだって疲れています。そんなときの夕食はどうするのでしょうか。

「お出かけのあとの夕食は、どうすることが多いですか？」

もしも「家で食べますよ」というお返事なら、

「そんなときでも、奥さんは晩ご飯をつくるのですか？」

と気づかってあげたいですね。働き者でしっかりした奥さまだと思います。


あるいは、バスでの旅行を楽しんだ方には、停留所にたどり着いたシーンを想像しながら、こんな質問をしてもいいでしょう。

「旅行の終わり頃って、なんだか寂しくなるよね」

「長い時間すわっていたら、最後はお尻が痛くなるね」

すると、「帰りの電車で一人になるのが寂しいね」「バスを降りた直後はまっすぐ歩けないよ」なんて返事をくれるかもしれません。

旅行後の会話について尋ねる

なお、夫婦で紅葉を見に行く風流なご家庭なら、会話にも凡人とはまた一味違うものがあるのかもしれません。

「その夜って、どんな会話をするものですか？」

たとえ「なーんにもしません。疲れて寝てしまいます」という返事でも、それはそれで楽しいものです。

「家に帰ってから奥さんはあなたに、〝連れて行ってくれてありがとう〟なんて言うのですか？」

などという発想が浮かべば、もう私の教室のトレーナーになってほしいです。

あなたに「家内と紅葉を見にドライブしてきた」と言うほどの方です。職場でもプライベートなお話をするのでしょうか。

「会社の人にも、奥さまと紅葉を見にドライブしてきたという話をするのですか？」

もし答えが「ＹＥＳ」なら、

「では、職場では仲のいい夫婦で通っているのでしょうね」

と聞いてみましょう。いいエピソードを聞かせてもらえるかもしれません。

そして数年後に目を転じてみます。このお二人は紅葉だけでなく、きっと桜やそのほかの季節の風情を楽しむご夫婦なのでしょう。すると、

「きっとお歳を重ねてから、いい思い出がたくさんあるご夫婦になるのでしょうね」

などときれいにまとめてもいいでしょう。そう言われて悪い気がする人はいないはずです。

いかがですか。ほんの数時間後をイメージし、遠い未来に思いを馳せるだけで、いく通りもの質問ができることが、おわかりいただけたでしょうか。うまくひらめくようになるといいですね。

今聞いた話が、時間と共にどう変化していくかをイメージしてみよう。

28

「イメージ力」が磨かれる3つの方法

最良のテキストは「ラジオ」「小説」など

質問次第で、会話のお相手はびっくりするほど楽しいエピソードを話してくれるようになります。こちらも聞いていて、どんどん楽しい気持ちになりますから、「この先どうしよう」なんて不安も吹き飛びますよ。

では、どうすれば質問力――つまり、相手の方の気持ちを想像し、共感できる「イメージ力」を身につけられるのでしょう。身につける方法はちゃんとあります。これから、その練習方法をお伝えいたしましょう。

私が「イメージ力」を磨いたのは、子供の頃から聞いたラジオの影響が大きいような気がします。親の目を盗んで、夜な夜な聞こえてくるパーソナリティの方々の声。そうです。**まずはラジオを聴くこと。**これが一つの方法です。

音楽よりも出演者のトークやリスナーからのハガキを読むことで番組が構成されているものがいいですね。**出演者の話やハガキに書かれている内容をイメージしながら聴きます。音だけが頼りですから、想像力が高まります。**

もちろん出演者の気持ちに焦点を当ててください。

ラジオの魅力に気がついたら、あなたも自分のエピソードを投稿してみましょう。番組で紹介されたらそれは感激ですし、あなたの会話力をますます高めてくれることになります。

もしラジオをお持ちでなければ、目を閉じてテレビドラマを聴くという方法も。これはラジオよりはるかに状況の説明が不足していますから、とてもむずかしいかもしれませんが、いい訓練になりますよ。

次にお勧めなのが小説を読むこと。登場人物になりきったつもりで、さまざまな

人々の気持ちを想像しながら読み進めます。

一度読み終えたら、また二度三度と読み返してください。一度目では感じきれなかった多様な思いを発見できるかもしれません。また二度目以降は、脇役の気持ちになって読むこともお勧めします。さらに名作を名優が朗読で聞かせてくれるCDもお勧め。こちらも何度も何度もお聴きになることをお勧めします。

このように映像を捨てて、**声や文字だけの情報でイメージする練習を積めば、いい質問が浮かぶようになります。**

おしまいに会話上達の王道、人と話すこと。これにまさる道はありません。「何を話そうか」というあせりは捨てて、相手の話が目の前で繰り広げられているかのように想像力をたくましくして、話を聴いてみましょう。

「ラジオを聴く」「小説を読む」「朗読を聴く」などを通じて、映像に頼らず、自力でイメージを広げる練習をしてみよう。

6章

いい関係がスタートする「気づかい力」

こんなひと言で、相手も自分も心地いい

スバル君はもう少し
気づかいできると
いいわね
気づかいか…
ハァ…
じっ
時間ですか？
あっ
ええ！
ナオキ君スゴイ！
ボクもできたらなぁ

じっ…
ブッさんが
欲しがって
いる…！
ハッ
ニャー
お腹がすいてるのかー
そうだよなー
お昼だもんなー
何やってんの？
ブッさんを
気づかって…
猫、気づかって
どうすんの

29

関係がグッと深まる「気づかい」とは？

「嫌われないため」だと、うまくいかない

「会話がうまくなりたい」と多くの人が思うのは、友人を増やしたり恋をたくさんしたりして、いい人間関係を築きたいからではないでしょうか。

本章では会話を通じて、他人と幸せな関係を築き上げる方法をお伝えしましょう。

この本を手に取るような方であれば、きっとさまざまな場面で、周囲の方に気をつかっているのではないでしょうか。さぞやお疲れだと思います。

では、それで本当に人間関係が円滑になっていらっしゃるでしょうか。

この問いに「いいえ」とお答えになった方は、おそらく「他人から好かれるため」

か「嫌われないため」に、他人に気をつかっているのではないでしょうか。

人間関係では「動機」が結果を決定します。

たとえば、「嫌われないため」に相手に調子を合わせていても、結果は思わしくないはず。

なぜなら、動機は「不安」であり、その気持ちは瞬時に伝わってしまうからです。

もしも、嫌われないために何かをしていて「疲れるな」と思うのであれば、今日から、それをやめてみませんか。

せっかく大きなエネルギーを使うのですから、「幸せな動機」で動いてみましょう。

きっと自分の動機に見合うような結果が訪れるはずです。

出発点は、相手も自分もうれしいこと

具体的には、**「そうすることが相手のためになり、自分もうれしい」という動機**

で生まれた行動を探してみます。

たとえば、「メールがきたら、すぐに返事を出さないと嫌われる」と思っている自分に気づいたら、返事を出すのを遅らせます。

そして、「どんな返事を出せば喜んでくれるかな」と思いながら、返事の仕方を考えてみましょう。心にゆとりができると、大慌てで書くときよりも気持ちのこもった返事が書けるものです。

そんな返事をもらえた相手は、あなたに対する印象がより深まることでしょう。

誰かと話をする場合も同じです。

相手が「ゴスペルが好き」と言ったとしましょう。このとき、実は興味もないのに、「相手の話に合わせないと悪い」などという不安から、「ゴスペルっていいですよね」などと答える必要はありません。

無理に話を合わせても、途中でかみ合わなくなってしまいます。

知らなければ「知らない」と言ってOKです。むしろ、

「私はゴスペルについてあまり知識がないのですが、お話ししているお顔を見ると、よほど楽しいのですね」

このように、自分が感じるままに返事をしてあげたほうが、相手はうれしいにちがいありません。「ゴスペル」の素晴らしさについて、あなたにもっと話したくなるはずです。

会話をするときは「幸せな動機」、つまり、「お互いにうれしい」「楽しい」と思えるような気づかいを土台にして、進められるといいですね。

何をすれば「相手は喜ぶだろうか」「なぐさめられるだろうか」「落ち着くだろうか」といった動機で行動したほうが、いい人間関係を築ける。

いい関係がスタートする会話のコツ

無理して相手に合わせなくてOK

カオリ

「最近“手づくり”にはまってるの」

スバル

×「ボ、ボクもそうなんです」
※本当はウソ…共感できず生返事

○「ボクは不器用なんで、あまり手づくりしたことはないですが、きっと楽しいんでしょうね」

POINT お互いの人柄がわかって会話がはずむことも!!

30

「当たり前のこと」を振り返ってみると……

「してもらっていること」は気づきにくい

最近は見知らぬ人に道を譲っても反応がないことが増えてきて、寂しい思いをすることがたくさんあります。

職場や家庭でも、「自分もそうしてきたから当たり前」「その人の役目だから当たり前」という意識で過ごしている人が多く、他人の気づかいに感謝して、言葉にできる人が減っているように思います。

たとえば、職場で「花に水をあげる」「コーヒーメーカーや食器を洗う」といったことをしてくれる人に、ねぎらいの言葉を送ったことがあるでしょうか。もしかしたら、「当たり前のこと」として見過ごしてきていませんか。

一度、自分が同じ立場なら、どんな言葉、どんな態度に心を揺さぶられるかを考えてみるといいでしょう。


「いつも花に水をあげているのは○○さんですね。お疲れさまです」

「コーヒーメーカー、いつもきれいにしてくれていますね。おかげでコーヒーをおいしく飲めます」


私たちは、自分を認めてくれたり、わかってくれたりする人には力を貸したいと思うものです。

小さなことに見えますが、一生を通して考えると、こういうことが言える人の人生は、人に恵まれた素敵なものになるように思います。

家庭では、炊事洗濯をしてくれるお母さんや奥さん、あるいは、旦那さんの思いやりに気づいていますか。お相手が恋人であっても同じです。

食事に気をつけてくれていたり、洗濯にもひと工夫加えてくれていたり。あなたが疲れていれば、会話を遠慮している場合もあるでしょう。


「このシャツ、洗濯しておいてくれたの？　ありがとう」

「最近、接待続きだから、あっさりした料理にしてくれたんだね。助かるよ」

「いつも電車の中から送ってくれる『帰るメール』、すごくうれしい」

「クーラーのタイマーをセットしておいてくれたのね。おかげで帰ったら涼しかった。うれしいわ」


こんなふうに、思いをお互いに言葉にすることで、はじめて相手の気持ちに応えることができ、あらためて固く結ばれていくのだと思います。

私たちは「欲しいものを覚えていてくれた」「遠くまで迎えに来てくれた」といっ

たような大きな気づかいには感謝します。

でも、**「夜中にふとんをかけてくれた」という程度の小さな気づかいには感謝の言葉を使わない傾向にあります。**

しかし、自分がそうされたと想像してみれば、このことがいかに大切かわかっていただけると思います。今すぐ思いつく、誰かの小さな気づかいは何ですか。それをすぐに相手に伝えてみませんか。

ふだん「当たり前」になっていることを見直して、誰かの小さな気づかいにハッとしたら、感謝の気持ちを伝えてみよう。

31

誰にも言えない「苦労」ってけっこうある

自分なら、どんな言葉をかけてほしい？

どんな人にも、周囲に伝えていない苦労というものがあります。

家庭や職場でともに過ごしていれば、ふと相手の苦労に気づくときがあるものです。そんなとき、言葉にして相手に伝えられる人と伝えられない人とでは、長い人生を考えると、人間関係の豊かさに大きな違いが出るでしょう。

まずは自分の苦労に目をやりましょう。あなたにはどんな苦労がありますか。

「いい加減な対応しかしてくれない取引先の担当者と、我慢して付き合っている」

「気分屋の上司に振り回されながらも、感情的にならずに働いている」

「子供と家事育児に協力的でない夫の世話をし、おまけにパートにまで出ている」
「安い給料で文句も言わずによく働いている」
そんなあなたの苦労をわかって、言葉にしてくれる人はいますか。

「あの気分屋の○○課長の下で、よく我慢して頑張っているわね」

などと言われたら、どれほどうれしいか想像してみてください。涙がほろりとこぼれるかもしれません。

ならば、あなたも周りにいる人たちの苦労を想像してみませんか。できれば、それを相手に伝えてみましょう。関係のいい上司には、

「課長も私たちみたいな覚えの悪い者たちを、怒りもせずによく指導してくださっていますね」

と言ってみるのもいいでしょう。
飲み会の幹事さんをねぎらう人って、少ないのです。

「飲み会の幹事さんは、宴会を楽しむヒマがありませんね。ややこしいことを言う人もいますしね。いつもありがとうございます」

と言える人は慕われるでしょう。
奥さんの労働を甘く見ているご主人、家事って本当に疲れるものなんですよ。

「この数のカッターシャツに全部アイロンを当てるのは、時間もかかるし腕も疲れるだろう」

恥ずかしがっていると、男は妻から愛想尽かしをくらいます。

夫も頑張っています。

「家では何も言わないけれど、会社では苦しいこともいっぱいあるでしょうに。愚痴も言わずに、私たちのために頑張ってくれてありがとうございます」

こんなことを言う妻がいたら、男は骨身を惜しまず働きますよ。

他人の苦労を察して言葉にして伝える。素敵な振る舞いでしょう。一度試してみませんか。

他人が、苦労しながら頑張っていることに目を向けて言葉にしよう。

「寒い中、頑張っていらっしゃいますね」「忙しいなかで、よくそこまで時間を捻出されますね」「いつも○○してくださっているのでしょう。お辛くはないですか」など、声をかける場面はいろいろある。

32

感謝の気持ちは具体的に言おう

「ありがとう」だけでは伝わらないから

「ありがとう」という言葉には本当に美しい響きがありますね。この言葉をさらに素晴らしいものに高めてくれる使い方があります。

それは、何に感謝しているのかを「具体的に伝える」ことです。

たとえば、上司にご馳走になった翌日、どんなふうに感謝の気持ちを伝えますか。

ここでも「昨日はありがとうございました」とだけ言うよりも、次のように伝えると、感謝の気持ちがさらに伝わります。

「昨日はご馳走になりまして、本当にありがとうございました。とてもおいしかったです」

このように言われた上司はうれしく感じて、また連れて行ってあげたいとも思います。

「ありがとうございました」だけですと、儀礼的に言われているかのような感じさえ受けます。しかし、具体的にお礼を言われると、本当に感謝していることが伝わってきますね。

あなたは誰にどんなことを感謝したいですか。

日頃、伝えられていないメッセージは何でしょうか。

関係が近ければ近いほど、具体的に感謝するのは恥ずかしいことだと思いますが、いつか言わねばならないのなら、今日か明日、勇気を出して言ってみませんか。

私は年の暮れになると友人と必ず酒を飲みますが、乾杯のときに「今年も一年、付き合ってくれてありがとう」と言います。

家内には「いつもいつも、おいしい料理をつくってくれてありがとう」「カッターシャツにアイロンを当ててくれてありがとう」とも言います。**「いつも感謝しているよ」の言葉より、具体的なほうが喜んでもらえます。**

会社のメンバーには「会社が苦しいときが長かったのに、よくここまで辛抱して支えてくれました。ありがとう」と言います。

さて明日、感謝の気持ちを送る相手とメッセージはもう決まりましたか。

ただ「ありがとう」と言うよりも、何に感謝しているのか具体的に表現したほうが気持ちが伝わる。

33

トラブルにならない「おわび」の仕方

女性の怒りも、アッという間に沈静化する⁉

男性は女性が怒ったり泣いたりすると、とりあえず「ごめん」とあやまります。

しかし、「ごめん」とあやまっても、女性が心底、納得した顔をしたところを私は見たことがありません。

最悪なのは「ごめん、ごめん」と二度あやまることです。このとき女性の怒りはさらに高まるのをご存知でしたか。

なぜ女性が納得していないのか。**それは男性が、女性は何について怒り、悲しんでいるのかを正しく自覚していないからです。**その場から逃れるためにとりあえずあやまると、のっぴきならない事態に追い込まれることとなります。

ですから男女を問わず、あやまるときは何についてあやまっているのかを具体的にしなければなりません。

「私が怒っている理由をしっかり理解しているし、それをわびようとしている」

こう相手が納得してはじめて、その怒りは沈静へと向かうのです。

これは仕事においても同じです。顧客の依頼と違う商品を届けてトラブルになったら、こうあやまります。

「せっかく信頼してお申込みをいただきましたのに、ご依頼とは違う商品をお届けしてしまいました。お客さまのお仕事にも支障が出ることと思います。ご迷惑をおかけしてしまい、誠に申し訳ございません」

ただ「すみませんでした」しか言わない営業では、お客は「もう次から取り引きするもんか」と決意します。

あやまるときは「何について、おわびしているのか」を具体的に表現できる力をつけると、その気持ちがちゃんと伝わり、自らを救うことができますよ。

仕事でもプライベートでも、おわびするときは、何を申し訳なく思っているのかを具体的に伝えると、許してもらいやすくなる。

34

「成功」「幸せ」をちゃんと祝ってあげるコツ

「おめでとう」を言えないと、ずっと後悔する

私は二十年の紆余《うよ》曲折《きょくせつ》の末に、五十歳前ではじめて成功と呼べそうなものに出会うことができました。前著『誰とでも15分以上　会話がとぎれない！話し方　66のルール』を大勢の読者の皆さまに支持していただいたのです。

そんな私に対して、女性は「おめでとう！」という言葉をたくさんくれました。このとき、女性は他人の「成功」に対して寛容なことがよくわかりました。

一方、男性は他人の成功に対して「おめでとう」という言葉をあまり使わないこともよくわかりました。

こんな人にお祝いしてあげよう

大きなイベント時だけでなく
小さなイベントも祝ってもらえるとうれしい！

仕事

転職成功
した人

売上げが
上がった人

プライベート

家を
買った！

好きな人と
付き合えた人

資格を取得
した人

結婚・出産
した人

↓

**直接、「おめでとう」と言うのが照れくさいときは
メールや手紙などでもOK**

なかには「素晴らしいね」「この二十年、一回もブレずによくやってきたね」という評価の言葉をくれる友人もいましたが、ほとんどの知人の言葉は「うまくやったなー」「おごれよ」というものでした。

評価の言葉もなく「今後の展開で評価が決まるね」などと言う人もいました。

とはいえ、そういう私もはるか昔、若くして会社を立ち上げた友人に「おめでとう」という言葉が言えなくて、後々とても悔やんだ思い出があります。

それからしばらくは、成功したり、事が思った通りに運んだ人には、意識して「おめでとう」という言葉を使うようにしました。**自然に「おめでとう」の言葉が出るようになったのは、数年後だったと思います。**ですから偉そうに人を責めることはできません。

なお、他人の成功には寛容な女性も、実は他人の「幸せ」に対しては「おめでとう」がなかなか言えない傾向にあるようです。自分が独身でパートナーがいないことをネガティブに感じているときに、友人から結婚の報告を受けると「おめでとう」と素直に言えないものだそうです。

相手は人生の絶頂にある人です。長年、親しくしていたお友達であればなおさら、お祝いしてもらえないことを寂しく感じることでしょう。

相手の方が喜んでいるときは、「おめでとう」と祝福してあげる。これだけでも、相手の方との絆が深まっていきますよ。

「初売上げを上げた人」「好きな人と付き合えることになった人」「営業成績がトップになった人」「子供が生まれた人」などに、ぜひ「おめでとう」の言葉を送ろう。

35 相手の「何気ない言葉」を大切にしよう

心に残った、ある人のひと言

人間は自分に関心を示してくれる人が好きです。

他人に対する関心の示し方はさまざまですが、その中の一つ、「相手が言った小さなことを覚えている」は気づきにくい重要ポイントです。

相手が話した些細な言葉を覚えているということは、あなたが相手の言葉を注意深く聞いている、ということになります。**相手にしてみれば、それが自分を大切に思ってくれているということになるのです。**

ある営業の女性が、私との会話中に彼女が九州へ出張に行った話をしているとき、

「そういえば野口さんは、七歳のときに九州から大阪に来られたんでしたね」

と思い出したように言ってくれました。かなり前に私が彼女に余談として話したことだったので、ずいぶん驚いたものです。

こういう方ですから、その後で私からちゃっかりと高額な機材の注文を取り付けました。営業職の方にとっては必須の接客ワザと言えるでしょう。

相手の言った小さな事柄を覚えているということは、気を入れてその人の話を聞いているということです。そして相手の話す内容をしっかりイメージして、脳裏に焼きつけているのでしょう。

人の話を聞きながらも、その間中、自分が話すことに意識を向けている人にはできないことです。

これは恋愛にもそのまま応用が可能ですね。とくに気になる人の話はイメージを広げながらしっかり聞いて、内容を頭に焼きつけましょう。

こうすれば、臨場感を味わいながら聞くことができるので、いつもより深く共感できて一石二鳥です。

記憶に留めた内容と関わりのある話になったときに、**「そうだ！　○○君はひよこ饅頭《まんじゅう》が好きだったんだよね」**などともち出せば、意中の相手の気持ちをつかむことができるかもしれません。

イメージを広げながら、相手の話を注意深く聞く習慣をもてば、相手の話した小さな事柄を覚えていられるようになる。あとで、その人と話すチャンスがあったら、ぜひその話題で話してみよう。

36

ときには本音をつぶやいてみる

スキのある人のほうが好かれる

あなたがむずかしい仕事を任されているとき、同僚が、「大丈夫？」と聞いてくれたら、何と答えることが多いですか。

こんなときに、**「もちろん大丈夫。なんとかなるよ」などと、いつも強気な言葉しか言わないのなら、ひょっとすると他人と仲良くなれるチャンスを失っているかもしれません。**

もちろん、心の底からそう思ってのことならいいでしょう。

しかし、最近はポジティブを妙にもてはやす傾向にありますので、おかしな思い込みで強気を装っているのなら、すぐにやめましょう。

あなたにも心を許せる人がいるはずです。その人にだけは、弱気なあなたを見せてみませんか。

いつも愚痴ばかりでは相手も疲れるでしょうが、ふだんは強がっている人が自分にだけは弱い部分を見せてくれると、人はその人を支えてあげたくなるものです。もちろん強い親近感も持ってくれるでしょう。


「大丈夫なワケないでしょう。プレッシャーで心がつぶれそうですよ」


こんなふうに自分の弱さを表現できる人の方が、好かれ、親しみをもたれます。

その後でとても頑張る姿を見せれば、誰もあなたを弱気な人とは思いません。

この態度は恋愛の急所でもありますから、恋に恵まれない方は自分がいつも強

ときには弱音を言ってみよう

頑張り屋の人にこそお勧めしたい「弱音」の一例

「月末、売上目標に達してないと
生きた心地がしないんだ」

「プロジェクトの成功は君にかかっていると
言われても、荷が重すぎてうれしくない」

「要領が悪いから、人一倍頑張ってるんだけど、
今度ばかりはダメかもしれない（涙）」

「毎晩、残業続きで体がクタクタ。
今月は寝坊しちゃうかも」

「なんか仕事で燃え尽きちゃった。
部屋も汚いし、生活めちゃくちゃだよ（笑）」

POINT **無理してポジティブ発言をしなくても大丈夫。たまに言う弱音なら、意外な一面に、相手も親しみをもってくれるはず**

がって弱さを隠していないか、点検してみてもいいでしょう。

もし仮に、あなたの仕事が立て込んでいて、休みもとれていない状態で、同僚が「疲れていないですか？」と聞いてくれたら、あなたは何と答えますか。

強くてスキがない人よりも、自分にだけは弱みを見せてくれる人に、私たちは好感をもつんですね。

ふだん弱音を吐かない人なら、心を許せる人にだけは「疲れるよ」「心配はあるよ」「自信はないけど頑張るよ」「今度ばかりは私もダメかな」と本当の気持ちを吐き出してみよう。強がっていたときよりも、ずっと人との距離が近くなる。

37

人間関係が深まる相談のコツ

まずは軽い相談をしてみよう

人間関係に不安がある人は、「相談すると相手に迷惑ではないか」「自分が弱い人間だと思われないか」などと心配しすぎて、簡単な相談すらためらう傾向にあるようです。

しかし、相談することも自分の弱みを見せることにつながり、相手と関係を深めるきっかけになります。**相談を受けた側は自分が信頼されていると感じて、あなたに親近感をもつはずです。**

心配ならば、まずは軽い相談からはじめてみてはいかがでしょう。たとえば、

「いい歯医者さんを知っていますか？」

「エクセルでわからないところがあるのですが、聞いてもいいですか？」

「母の日の贈り物には何がいいでしょうね」


という程度なら抵抗はないはずです。

そして相手と信頼関係が築けたところで、自分の内面に根ざす相談へと深めていけばいいでしょう。内面といっても手はじめは聞きやすいことからはじめます。


「会話に苦手意識があるのですが、私の話し方で気になるところはないですか？」

「男性の気持ちについて教えてほしいことがあるのですが」

「これから、取っておくといい資格ってありますか？」


という程度でいかがでしょうか。

新しい職場、新しい上司になじむためにも相談を活用して、関係を深めましょう。

あなたが転職して職場の誰かとうまくいっていなければ、上司に、

「○○さんからは嫌われているように感じています。やはり私のどこかに彼（彼女）を苛立たせる何かがあるのだと思います。よろしければアドバイスしていただければありがたいのですが」

こんなふうに相談をもちかければ気にかけてくれるでしょうし、責任感の強い上司であれば、間に入って仲を取りもってくれることも考えられます。

新しい上司には、

「○○の部分が進めば、もっと売上が伸びると感じているのですが、お知恵を貸していただけませんか」

と仕事に関する相談をすることが、うちとけ、信頼を手にする近道だと思います。相談は上司から部下に、親から子にと、相談は上から下に行っても相手との関係を密にしますので、体面を気にせずに活用してください。

最初は、「4人で飲み会をするのですが、個室のあるお店をご存知ですか」という程度の軽い相談からはじめてみよう。気軽に応じてくれるようなら、徐々に仕事や自分の事柄について話すなど、相談内容を変えていくといい。

7章

シーン別「会話ルール」を一挙公開！

どんな「年代」「立場」の人とも、
なごやかに話せる

ボクはなぜ、この場にいるのでしょうか?
バチ
バチ
なごやかに話せればいいんだけど……
できそうもないのでヤバい時はよろしくネ♡
ことわれなかった…
まさか部長の不倫問題だったとは…
ヨシ子さんと別れてください!!
しかし…
しかしじゃない!! そもそも不倫です
ヨシ子さんも別れたがってるんです!!
ああっ、大声で……

なんだ?
ザワ
不倫?
ザワ
不倫だって?
何?
ザワ
フリン?
ザワ
違うんです!! ちょっとフーリンが…風鈴のプレゼンの件で……
ヨシ子に他の男ができたならまだしも……あきらめきれん
あきらめきれん…
決して不倫問題なんかでは……
男ができたんです!!
あそこにいるブっさんです!!
もう子供も産まれるんです
うちのコタローフラレたのか……
え? 猫?

38

あまり親しくない同僚と駅でバッタリ会ったとき

相手にバトンを渡してしまおう

しめくくりの章では、多くの方が困っている場面を取り上げて、それを解決することにいたします。

この章を書くために大勢の方々にご意見を伺いましたが、一番多かったのが**「話がはずみそうにない人と、どうしても同席しなければならなくなったとき」**でした。

これは誰にとってもむずかしい場面ですね。

たとえば、会社帰りにホッとした気分で駅のホームにたたずんでいる。そこに突然「お疲れさまです」という声が……。

振り向くと職場の同僚がいる。日頃、自分と接点も少なく、雰囲気も暗く、話もはずむ気がしない人だ。仕方なく、

「ああ、お疲れさま」

と返事をして、ともに電車に乗り込む。とりあえず、

「おうちはどこですか？」

と聞くと、なんと自分の家とけっこう近くて、これから30分も一緒にいないとならない。**思わず「たぁすけて〜」と心が叫ぶ瞬間。**

さあ、こんなとき、どうしたらいいのでしょうか。

まず、あなたに努力してほしいのは、会話をしようと頑張りすぎないことです。

焦れば焦るほど会話は空回りし、相手も同じように気づまりになっていきます。

すると、もうアリ地獄のようにそこから抜け出せなくなります。

……
おつかれさま……
わぁっ！……おつかれ…

うちと家が近いですね…
クク…
う…うん、そうだね……

フッと力を抜いて、相手が話しはじめるのを待つことにしましょう。

そうです。あなただけが頑張る必要はありません。

相手にバトンを渡してしまって、「さあ、なんでも話してこい」というぐらいの気合いで臨むといいのです。

軽い本音を振ればいい

これでも、どうしても相手が話さないのなら、仕方がありません。

最初は、仕事のことから会話をはじめるのがセオリーです。

おそらく会話ははずみませんが、仕事の話題ならお互いに共通していますので、相手も違和感なく入れるはず。

それでも会話がプツリと、とぎれるようなら、ちょっとした本音を持ち出します。

もちろん関係が浅い間柄ですから、「軽い本音」でいきましょう。

「仕事しんどいねー」
「お金ないねー」
「ボーナス増えないねー」
「朝礼、長いねー」

こんな話題を投げかけます。会話がはずまないのは、お互いが本音で話していないからだと思います。あなたが本音をもらせば相手もつい本音をもらし、笑いもおきます。そこから気持ちが通じて、会話が展開していくでしょう。

会話がはずまない相手とは、話を続けようと頑張りすぎない。相手がどうしても話し出さない場合は、「体がだるい」「お金がない」「仕事がきつい」などの軽い本音を語れば、相手もノッてきやすい。

39

車の中で、上司と二人きりのとき

無難な話題で反応を待つ

会話がはずまない人と車で二人きりというのは、できるだけ遠慮したいですね。相手が上司ともなれば、おかしなことも言えないので、厳しいと思います。

こういうときは最後の手段です。車窓から見える風景を話題にしながら様子を見て、次第に相手の人柄に迫っていくしか方法がなさそうです。

「あそこにあんなビルが建ったのですね」
「学生のときは、あのビルの居酒屋でバイトをしていまして」
「この道はよく混みますよね」

こうして窓から見えるものを題材にして、自ら話題を提供します。ここで相手が質問して話を広げてくれたり、相手自身の話をしてくれたら儲けもの。それで話は広がるでしょう。

困ったら、人柄を引き出す質問を

問題は、相手が「ああ、そう」という程度の反応しかしてくれないときです。

もちろん、あと少し話を広げることにはチャレンジしてみてください。

「居酒屋でバイトをしているときは、よくサラリーマンの愚痴が耳に入りました。『ああはならない』って思いましたが、今はまさにあんなサラリーマンですね」

ここまで頑張っても相手が「ほう」としか言わないのなら、「作戦変更」です。

今度は、車窓から見える人たちの振舞いをもとに、上司の人間性に迫ります。

「○○さんは、運転中、女性ドライバーには優しくするほうですか？」

この問いかけのいいところは、相手からエピソードを引き出せるところです。**エピソードには話のタネがいっぱいですし、人柄についての情報も詰まっています。**

いったんエピソードを話してしまうと、人は後から後から話すことがわいてきますから、そうなれば大成功です。

もし、それでも相手が話さないなら……、あなたも黙る勇気をもつことです。そのほうが相手も喜び、ホッとするということもあるのですから。

車中での会話は、車窓から見える風景をもとに会話を広げる。その後、車外に見える人などを材料にして、上司の人間性に迫る質問をしてみる。

40

出会いのパーティー、1分間で印象づける会話術

よくある間違い、ココに注意！

このところ婚活がブームで、出会いを求めてパーティーなどに出かける人も多いようです。

婚活にいそしむ人は、おそらくコミュニケーションが苦手な方も少なくないように思いますが、実はパーティーや見合いは、とても高いコミュニケーション能力を要求される場でもあるのです。

パーティーや見合いは、なんといっても一発勝負。数分で自分を相手に印象づけないと次の出会いにたどりつけません。コミュニケーションが苦手なために婚活の

必要がある方にとっては、まさに「婚活のジレンマ」とも言えるかもしれません。

さて出会いのパーティーに参加しますと、よくあるのが回転寿司形式。

これは数分間隔で相手を替えながら話をして、最後に気に入った方に「○」をつけ、見事に互いの気持ちが一致すると、晴れてお付き合いの入り口に立てるシステムです。

このとき、ほとんどの人が、相手の自己紹介カードを見ながら話をしています。「仕事は○○ですか」「ご自宅は××なんですね」「趣味はカラオケですか」で時間終了。これで自分を印象づけるなんて無理です。

人間同士の出会いは、婚活であれビジネスであれ基本は同じです。

相手の顔をしっかり見て、できれば「瞳ピント」で話すことが重要。自分を見てくれるから愛情もわくというものです。

カオリさん
これからも
よろしく
お願いします
スバル君
目力ついて
きたわね♡

カードに書いてある情報には、あまり意味はありません。

それよりも相手をしっかり見て、今の気持ちで会話をする必要があります。内容は単純でけっこうです。


「おひとりに数分しか話せませんから、お相手の方のことはよくわかりませんね」

「どなたと、どんなお話をしたのか覚えていられませんね」


こんなふうに切り出せば、相手も「本当に」と言って笑ってくれるでしょう。目と目が合って笑顔になれば、それが恋のはじまりではないでしょうか。

気に入った人には、終了間際に、**「××さんにだけ、○をつけますね」**と言えば、マッチングする可能性が高まります。

これは他の婚活での場面でも活用できる大切な会話術です。

「どこに住んでいる」「仕事は」「趣味は」と聞くよりも、今の気持ちを題材にしながら素直にお話しすれば、人間同士というのは魅かれあうようにできているように思います。

「婚活って疲れますね」

次のチャンスにはこんな切り出しで、会話をはじめてみませんか。

婚活などで相手と話せる時間が短い場合は、相手の情報より、現在お互いが置かれている状況を素直に話した方が、相手の気持ちを引きつけやすい。

41

知人の「知り合い」と同席するとき

この話題なら失敗しない

たまたま知り合いが連れの人を伴っていて、どうしても三人で同席しなければならない。

しかも、知り合いが何らかの理由で席を外したそのときに、どう話せばいいのか困ってしまう。こんな戸惑いの声をよく聞きました。

似たような場面では、「恋人の家に招かれたとき」や、「結婚後に配偶者の実家に行ったとき」とも重なる悩みですね。

この解決法はシンプルです。知人をAさん、その連れの人をBさんとします。

あなたとBさんにとっての共通の話題とは、Aさんそのもので間違いありません。
ですから、Aさんの話をBさんに投げかければいいわけです。

「Bさんは、Aさんと知り合ってどれくらいになりますか？」
「Bさんと一緒にいるときのAさんは、どんな人ですか？」

こんな問いかけならBさんも話しやすいですね。あなたとAさんが本当に親しいのなら、**「Aさんはときどきケチですよね」**などと、Aさんの人柄を話題にすると俄然楽しくなります。

配偶者（恋人）の実家に行ったときも同じです。あなたと義理の両親との共通の話題は配偶者ですね。配偶者について互いに話をすれば、話がはじまります。

「○○子は小さいころからよくしゃべったのですか？」

「○○さんは聞きわけのいい子供でした?」
「○○は小さいころ、運動はどうだったのですか?」

こうすれば両親も自然と話しはじめるでしょう。義理とはいえ自分は息子、娘なのですから、あまり遠慮せずに本音でお話しすることをお勧めします。配偶者がトイレにでも立ったときに、

「○○子は怒ると恐いですよ。お父さん、お母さんにはどうでした?」

これなら両親もノッてきますし、親近感も倍増するはずです。うまく活用してください。

知人が連れの人を同伴してきた場合、まずは知人を話題にする。その後、自分をオープンにした話題を提供してから、知人の人柄にふれていく。

42

トイレの鏡前やエレベーター前での立ち話

結論やオチは必要なし

トイレの鏡前で職場の同僚と一緒になった。

エレベーターでたまたま上司と一緒になった。

そんな短い間に「何を話せばいいのか困った」という経験をおもちの方もいらっしゃるでしょう。

一応、社内で見知った関係です。「黙っているわけにはいかないけれど、短い時間で話す内容が見つからない」というのが本音ではないでしょうか。

こうしたときの解決策です。**「結論を出す会話は必要ない」とお考えください。**

多くの場合、「会話には何らかの結論がいる」と思っているからむずかしく感じるのではないでしょうか。

3章を思い出してみましょう。**「天気」「カレンダー」「相手を気にかけた話題」**や、この他、**「社内のトピックス」**といった題材を活用して、その数分だけ会話がつながればいいと考えてください。では、トイレの鏡前で同僚とバッタリ会ったケース。

あなた「寒くなってきたね」
同僚「そうだね」
あなた「最近外回りが多いから、こたえるよ」
同僚「オレも」
あなた「まあ、頑張るしかないけどね」
同僚「そうだね」
あなた「じゃあ、お先に」

そんなにむずかしくないでしょう。では、上司とエレベーターで一緒になったケース。これは「相手を気にかけた話題」を使ってみます。

あなた「課長、またご出張なんですね」
課長　「ああ、今度は福島だ」
あなた「出張が続くと、肩や腰にきませんか？」
課長　「出張がなくても、痛むんだよ」
あなた「お疲れですよね。では、お気をつけて」

時間がくれば話の途中でも打ち切って、その場を離れてしまえばいいのです。オチや結論がなくてもいいとわかれば、きっと楽に話せるようになりますよ。

結論を出す必要はない。時間がきたら「それでは」などと打ち切ってOK。

43

夫婦で会話がはずまないときは？

目についたものを題材にしよう

長年連れ添った夫婦というのは、一緒にいる時間があまりにも長いため、ふと気がつくと会話の材料自体がないものです。

「夫婦は何も話さなくても気持ちはわかる」などという幻想を語る人がいますが、それは真に心が通じた夫婦にのみ与えられた極上の境地です。おそらく妻の大きな愛情に甘えた昭和以前の男性が抱いた幻想でしょう。

これからは、男性も妻との会話に力を入れなければ、数十年もの長きに渡って夫婦関係を円満に築くことはできないですよ。

さて妻や夫と何を話すか。そこに結果や意味を求めてはいけません。

あるのは感情の交流だけです。気持ちを送って、受け取って、やがて二人は夫婦になっていきます。話題は目についたもの、耳に入ったものでいいのです。

「パンダが生まれたねー」「そうだねー」
「雨が降るかもしれないねー」「困るねー」
「お腹が減ったねー」「何か食べたいねー」

こういう会話ができる夫婦であれば、気持ちはつながり幸せが満ちてきます。たとえ裕福ではなくても小さな所に幸せを感じられるようになるでしょう。

夫婦で話をするときは、そこに意味や結果を求めない。ただ気持ちを送り、相手の気持ちを受け取る、そんなことの繰り返しで愛情が深まっていく。

44

上役《うわやく》に答えにくい質問をされたら？

相手が質問しやすい題材をプレゼントする

会社の飲み会の席などでは、ふだんはあまり接しない上役《うわやく》（社長、取締役、部長など）と顔を合わせる機会もあります。

上役の方と目が合えば、さあ会話のはじまりです。このとき、「最近、どうかね？」なんて尋ねられたら、あなたはどのように答えますか。

漠然としすぎていて返答に困りますが、なにせ相手は会社の重役。「どうかねって、何がですか？」なんて尋ねるわけにはいきません。勢い、「はあ、なんとかやっております」といった返事になってしまうかもしれません。

漠然とした質問をされたときは

相手が質問しやすいように
題材をプレゼントしよう

相手　「○○さん、仕事の調子はどう？」

あなた　×「はい、順調です」

○「はい、新規プロジェクトがスタートしましたので、一層、気持ちを引きしめていきたいと思っています」

相手　「営業の仕事をやってみてどうだ？」

あなた　×「はい、おかげさまで慣れてきました」

○「はい、最初は電話でアポが取れなかったのですが、今では少しずつ取れる件数が増えてきました」

POINT　**具体的な題材を盛り込んで答えれば、相手も質問の切り口を見つけやすい**

これではいったい何について話しているのか、相手の方には判別がつかないでしょう。

こんなときは、相手が質問しやすくなるように、あるいは相手が自分の話をしやすくなるように、**「題材をプレゼントする」**気持ちで答えるとうまくいきます。

上役　「○○さんだったね。うちの会社に入ってどうかね？」
あなた「はい、営業がこんなに難しいとは思いませんでした」

こう言って沈黙し、アイコンタクトを送りながら相手の出方を見ます。ここで相手が語り出したら拝聴させていただけばいいです。

また、あなたに質問をしてくれたら、それに答えていけば話は続きます。問題はあなたの話に、相手が「ほう」としか言わないときですね。

そんなときは仕方がありません。**また「次なる材料」をプレゼントします。**

「営業って、あんなに断られるものなんですね」

こうしてまた沈黙。また相手の出方を見ます。このように小刻みに話題を差し出して相手と気持ちが通じるのを待ちます。どうしても相手が話しはじめないときは、自分が差し出した話題をもとに質問してみます。

「社長もお若いときは、営業で苦しんだことなどございましたか」

こんな展開で無口な社長を饒舌《じょうぜつ》にできたら、あなたの株はウナギ登りですよ。

漠然とした質問には、まず一つ答えて相手の出方を見る。その題材で話が広がらないときは、もう一つの題材を差し出す。それを3回ぐらい続けても話がはずまないときは、自分が差し出した話題をもとに質問しよう。

45 感情的にもつれた人との話し方

「和解のメッセージ」をさりげなく出そう

上司から感情的に叱責を受けたあと、その上司と同行しなければいけない。
夫婦喧嘩をした翌朝、配偶者との気まずい雰囲気をなんとかしたい。

こんなとき、どんな話をしたらいいのか戸惑う人は多いでしょう。

まず意識してほしいのは、感情的になった相手も、あなたとの関係に戸惑っているということです。

私たちはいつまでも怒りたくないし、あなたとの関係でストレスを持ち続けたく

はないものです。

もし、あなたから「和解のメッセージ」を出してもらえたら、相手もホッとすることでしょう。しかし、済んだことなのに「先ほどは大変、失礼いたしました」と蒸し返すのもどうかと思います。

こんなときは言葉より、まずはアイコンタクト。

一緒に会社を出るときに「叱られたけれども、わだかまりは持っていませんよ」という気持ちで目を見て会釈をします。

これで上司には、あなたの気持ちが伝わります。自分を気づかってくれているのもわかります。これだけでも気持ちが通じ合い、楽になるものです。

そこで自分から話題を振ります。電車に乗る際は、

「私が切符を買ってきましょうか？」

「ちょうどいい時間に、あちらに着きそうですね」

などと話しかけ、できるだけ顔を見るようにします。

するとしだいにぎこちなさがとれてきて、もとの関係に戻れるでしょう。

その日の帰り際に、

「課長、今日は大変申し訳ないことをいたしました」


このようにおわびすれば、さらに相手の心証がよくなります。帰り際なら、そのあと気まずい思いをすることもありませんので安心です。

相手が配偶者なら、朝一番に目を見て「おはよう」と言います。

顔が多少引きつっていても大丈夫。あなたの「和解したい」という気持ちは伝わります。あとは何でもいいから話しかけることです。

「今朝はパンなんだね」
「天気があまりよくないね」
「芸能人の○○さん、結婚するんだね」

こうすることで、もとの状態に戻っていけます。

この人間関係の力があればストレスにさらされる時間が大幅に短縮されますから、是が非でも身につけてください。

相手と感情的にもつれたあとは、次に会ったときにアイコンタクトをとって「もうわだかまりはないよ」という気持ちを伝えることが第一。

46

コレで年代、立場が違う人ともっと話せる

実は「わかり合う」必要はない

世代が違う人や立場が違う人との会話がむずかしいと感じるのは、おそらく「互いにわかり合えないだろう」という思い込みがあるからです。

しかし、**お互いがわかり合う必要はないことを知り、相手の存在をそのまま受けとめようとすれば、価値観の違う人とも話ができます。**

「おかしい」と相手を否定せず、「私は経験がないからわからない」と拒絶もせず、「私のほうが正しいから改めなさい」と相手を変えようともせず、ただありのままを受け容れるのです。

これならいろいろな年代、立場の人と話せる

会話のスタート

天気やカレンダーなどの定番ネタ

↓

知らないことや新しい価値観に出会ったら

「あなたは○○ですね」 と、まずは受け入れよう！

↓

コレでどんな人とも楽しく会話ができる

ちょっと極端な例ですが、仮にあなたが異星人（アルファ星人としましょう）と出会って会話をしたとします。

異星人が、「アルファ星では岩石を食べます」と言っても、

「ええっ、あなた方は岩石を食べるのですか！　そうなんだ」

こう相手を丸ごと受け入れようとするでしょう。間違っても、

「もっといいものを食べましょうよ。たとえばウナギとか」

などとは言わないはずです。

このように異星人なら、自分と全く違うことを受け入れられるのに、同じ人間同士だと、少しの違いで相手を拒絶しようとするところが、おかしなところですね。

年上の人と話すときの共感の仕方

さて、年代や立場の違う人と話すときのきっかけですが、実は住む世界がどうだ

ろうと、共通するものは同じです。

「天気」と「カレンダー」はこの世界に住む者であれば、不変の話題でしょう。「暖かくなってきましたねー」「もうすぐ年末ですねー」「今日は金曜日ですねー」スタートはいつも同じです。

たとえば、ずいぶん年配の人が、「私たちの若いころは、結婚相手を親が決めていたのよ」などと言ったときに、「信じられない」「気持ち悪い」「そんなのおかしい」などと思わずに、ただ相手の世界を尊重して話を聞きます。

お話しするときはまず、

「わあ！　○○さんの若いころって、結婚相手は親が決めていたのですか」

と共感します。そして、この人は、そのときに「どんなことを思い」「どんなことを話し」「どんなことをするのだろう」という興味をもって話を聞いてみましょう。

具体的に言うと、

「結婚式の前の夜は、どんな気分だったのだろう」
「相手をはじめて見たときは、どんな印象だったのだろう」
「相手とはじめて会ったときは、どんな会話をしたのだろう」

こんな疑問と興味をもって質問すれば、もう会話が成立しています。

年下の人と話すときの受け入れ方

次は相手がずっと年下の場合を考えてみましょう。相手が、「私たちはもう紅白なんて見ないですよ」と言ったら、「紅白を見ないと、年が明けた気がしないじゃない」「そんなの日本人じゃない」などという自分の価値観などは横に置いて、

「あなた方の年代の人は、もう紅白を見ないのね」

とまずは相手の世界を受け入れます。そして話を聞いて、彼らの考え方や価値観を学ばせてもらえばいいのです。

違う世界を持つ人とお話しできれば、自分の視野が広がります。

「今あなたには、勉強よりも音楽の方が大切なんですね」
「バブルのころは皆、浮かれていたのですね」
「お父さんの子供のころは、今より教科書がずっと分厚かったのですね」

というように、「あなたは……なんですね」とありのままを受け入れる言い方をマスターしましょう。どんな世界の人とも楽しく会話ができるようになりますよ。

「あなたは……ですね」というフレーズは、考え方、世界観、習慣などの違いを受け入れて、会話をするための便利な表現。ぜひ使っていこう！

〈著者紹介〉

野口 敏（のぐち・さとし）

●—1959年生まれ。関西大学を卒業後、きもの専門店に入社。1万人以上の女性に接客し、人の心をつかむコミュニケーション方法に開眼。それをきっかけにコミュニケーションスクール「ＴＡＬＫ＆トーク」を開校。

●—現在、（株）グッドコミュニケーション代表取締役。「話し方教室ＴＡＬＫ＆トーク」を主宰。会話に悩める人が待ち望んだ、具体的でシンプルなコミュニケーションスキルが豊富にあると評判になり、全国各地から受講生が詰めかけている。これまでに5万人以上の受講生を聞き上手、話し上手に変身させてきた。

●—モットーは「今日習った人が、今日少しうまくなる」。実生活にすぐ生かせるノウハウや会話フレーズを懇切丁寧に伝授している。その温かくユーモアにあふれた人間味に惹かれて、リピートする受講生も後を絶たない。生涯学習開発財団の認定コーチの資格も有している。

●—現在、大手企業の社員教育、歯科医師会、就職対策実習など、幅広い講演活動を行っている。前著『誰とでも15分以上　会話がとぎれない！話し方66のルール』（小社刊）は、あらゆる年代の幅広い層に支持され、50万部を超える大ヒットを記録。今、最も注目を浴びているコミュニケーション本の第一人者。このほか主な著書に『一瞬で心をつかむ話し方』『一瞬で人に好かれる話し方 』（学研パブリッシング刊）などがある。

話し方教室 TALK &トーク
http://www.e-0874.net/

誰とでも15分以上　会話がとぎれない！話し方　やっぱり大事!! 46のルール

2010年4月28日　　第1刷発行
2010年5月17日　　第4刷発行

著　者——野口敏

発行者——徳留慶太郎

発行所——株式会社すばる舎

東京都豊島区東池袋3-9-7 東池袋織本ビル　〒170-0013
TEL　03-3981-8651（代表）　03-3981-0767（営業部）
振替　00140-7-116563
http://www.subarusya.jp/

印　刷——株式会社シナノ

落丁・乱丁本はお取り替えいたします

ISBN978-4-88399-885-2 C0030